Petite philosophie des grandes idées

L'AMITIÉ

Éditions Eyrolles
61, bd Saint-Germain
75240 Paris Cedex 05
www.editions-eyrolles.com

Chez le même éditeur, dans la même collection :
Le Désir, Cyrille Bégorre-Bret
Le Bonheur, Philippe Danino et Eric Oudin
L'Amour, Catherine Merrien
L'Art, Cyril Morana et Eric Oudin
La Liberté, Cyril Morana et Eric Oudin
La Religion, Carine Morand
Le Corps, Jeanne-Marie Roux
La Justice, Cyrille Bégorre-Bret

Mise en pages :
Compo-Méca - 64990 Mouguerre

© Groupe Eyrolles, 2012
ISBN : 978-2-212-55289-8

Cyrille Bégorre-Bret

Préface d'André Comte-Sponville

Petite philosophie des grandes idées

L'AMITIÉ

De Platon à Debray

EYROLLES

Sommaire

Préface

« Sans amis, disait Aristote, personne ne choisirait de vivre[1]. » Formule discutable et sublime, qui met l'amitié à sa juste place. Pourquoi discutable ? Parce qu'on peut douter de sa vérité factuelle. Imaginez un cataclysme planétaire, dont vous seriez, comme dans un film de science-fiction, le seul survivant. Renonceriez-vous pour autant à vivre ? C'est loin d'être certain. Au reste la solitude, si elle augmente considérablement le risque de suicide, n'y conduit pas non plus nécessairement. La vie résiste, qui est une pulsion avant d'être un choix, et que tout choix suppose.

La formule d'Aristote, même outrancière, n'en est pas moins touchante et belle, « d'une haute valeur intellectuelle ou morale », et c'est l'une des définitions, dans nos dictionnaires, du sublime. Le Stagirite y indique une direction de l'esprit humain, ou du cœur, vers l'une de ses destinations les plus hautes, celle des relations intersubjectives volontairement recherchées, approfondies, prolongées, celle de l'affection et du respect mutuels, de la bienveillance réciproque, de la confiance, de la communication libre et franche, mais entre intimes qu'on s'est choisis (à la différence de la famille, qu'on ne choisit pas), sans autre motivation que le plaisir ou l'émotion qu'on y trouve (à la différence des relations marchandes ou professionnelles, qui ont une fin en dehors d'elles-mêmes), ordinairement sans manque ni possessivité (à la différence de la passion amoureuse), sans domination ni calcul, bref, entre individus libres et égaux, ou rendus tels, justement, par l'amitié qu'ils se portent l'un à l'autre, comme un bonheur commun, ou comme une communauté heureuse, enfin qui les rendrait plus forts, lorsque le bonheur fait défaut, contre les drames, quand bien même ils ne frapperaient que l'un d'entre eux, qu'ils affrontent ensemble…

« Tous pour un, un pour tous ! » Cyrille Bégorre-Bret a raison de citer la belle devise de d'Artagnan et de ses trois amis.

---

1. *Éthique à Nicomaque*, VIII, 1, 1155 a.

Elle dit quelque chose d'essentiel sur l'amitié, qui est comme une solidarité paradoxalement désintéressée, ou sans autre convergence d'intérêts que celle qu'entraînent, entre amis, l'affection et l'estime qu'ils se portent mutuellement. C'est « une joie qu'accompagne l'idée d'une cause extérieure » (telle est, chez Spinoza, la définition de l'amour), mais renforcée, en chacun, par la joie de l'autre, ou des autres, ceux qu'on s'est choisis pour amis, et qui nous ont choisis. Joie sur joie : chacun se réjouit, dans l'amitié, de la joie augmentée que tous y trouvent. Cela n'empêche pas les difficultés, les soucis, les chagrins parfois, mais aide à les affronter, puisqu'on le fait à plusieurs, un peu mieux, ou un peu moins mal. L'amitié, lorsqu'elle est vraie, fait partie des plaisirs et des consolations de l'existence : elle la rend plus belle, plus douce, plus intéressante, et moins rude. Cela donne raison à Aristote, sinon dans la lettre du moins dans l'esprit. On peut vivre sans amis, peut-être, mais point, sans amis, être heureux, ni tout à fait satisfait de vivre. L'amitié rend le bonheur possible, et le malheur, lorsqu'il advient, plus supportable.

La tradition, en Occident, distingue l'amitié (*philia* en grec) de la passion amoureuse (*éros*) et de la charité (*agapè*). Attention, toutefois, entre ces trois amours, de ne pas creuser trop fortement l'écart ! « La charité est une sorte d'amitié » (*quaedam amicitia*), disait Thomas d'Aquin[1]. Et chacun sait qu'il existe des amitiés passionnées, ou passionnelles, voire des amitiés amoureuses, qui ne sont pas les moins agréables à vivre, ni les moins fortes, ni les moins troublantes. C'est l'un des mérites de ce livre que d'explorer en détail les espaces intermédiaires entre ces concepts trop souvent opposés, les zones floues et mouvantes, comme est la vie, comme sont, bien souvent, nos amitiés. Il le fait en suivant pas à pas dix auteurs, fort judicieusement choisis, depuis Platon jusqu'à Régis Debray, en passant, excusez du peu, par Aristote, Montaigne et Foucault, qui sont trois maîtres de l'amitié, par Épicure, qui la mit au cœur de son école, par Pascal, qui n'y croit guère, par Kant, qui y voit un idéal plus qu'un devoir (mais c'est

---

1. *Somme théologique*, IIa IIae, q. 23, art. 1 (Éd. du Cerf, 1985, t. 3, p. 160).

un devoir, explique-t-il, que d'y tendre), par Nietzsche, qui y voit le complément souhaitable, pour le solitaire, du dialogue de soi à soi, enfin par Simone de Beauvoir, qui montre que l'amitié, parce qu'elle a besoin de liberté, passe aussi – y compris au sein du couple – par l'émancipation des femmes. Beau parcours, qui donne puissamment à penser. Michel Foucault a bien sûr raison de souligner que l'amitié, comme tout ce qui est humain, est un phénomène historique, qui évolue avec le temps, non, parfois, sans quelque discontinuité ou rupture. On n'est pas amis, aujourd'hui, comme on l'était au Moyen Âge ou dans l'Antiquité, ni même comme on l'était au XIXe siècle. Dont acte. La permanence de l'amitié, fût-ce sous des formes différentes, sa valorisation constante et presque universelle, sur une période si longue, n'en sont pas moins frappantes et significatives. L'amitié est attestée et célébrée dès les textes les plus anciens de l'humanité : ainsi l'amitié entre Gilgamesh et Enkidu, dans l'*Épopée de Gilgamesh* (dix-huit siècles avant Jésus-Christ !), celle entre Arjuna et Krishna, dans le *Mahabharata*, entre Achille et Patrocle, dans l'*Iliade*, entre David et Jonathan, dans la Bible… Légendes ? Mythologie ? Sans doute, pour une bonne part. Mais qui n'en révèlent que mieux le désir, au cœur des humains, d'aimer et d'être aimé, et point seulement dans le couple ou la famille. La philosophie, d'ailleurs, le confirme. Il est difficile, malgré tant de siècles qui nous en séparent, de ne pas reconnaître quelque chose de nos amitiés actuelles dans les fines analyses d'Aristote, aux livres VIII et IX de l'*Éthique à Nicomaque*, ou dans les pages bouleversantes que Montaigne, après la mort de La Boétie, consacra à l'amitié qui les unissait l'un à l'autre. Cela suppose, d'eux à nous, comme une permanence au moins partielle. Que l'amitié change avec le temps, comme tout le reste, n'empêche pas – mais suppose au contraire – que quelque chose en elle demeure, qui permet de la reconnaître peu ou prou et de constater, précisément, ses changements. Ce quelque chose qui continue, qui porte ces évolutions ou mutations, qui ferait donc comme une essence – non certes éternelle mais perdurable – de l'amitié, qu'est-ce ? L'amour commun du Bien (Platon) ? Une affection mutuelle et une bienveillance réciproque (Aristote) ?

Une espèce de contrat, qui mêle l'utile à l'agréable, l'intérêt à la vertu (Épicure) ? Une communion exceptionnelle entre deux âmes qui, à la limite, n'en font plus qu'une (Montaigne) ? Le contraire de l'égoïsme, ou bien son expression et son masque (Pascal) ? Le juste équilibre, entre deux personnes, de l'amour et du respect (Kant) ? Le prolongement de la passion ou de l'hostilité (Nietzsche) ? Une histoire d'hommes, ou bien d'humains libres (Simone de Beauvoir) ? Une relation essentiellement chaste, ou bien qui ne l'est que par inhibition ou choix (Michel Foucault) ? Un idéal de vie bonne, ou une forme étriquée de fraternité (Régis Debray) ? Cela fait dix questions différentes, mais sur un même objet, qui est l'amitié, dix chemins différents, mais qui nous mènent tous à ce que nous vivons, ou voudrions vivre, avec nos amis.

J'aime, sur cette notion si constante dans l'histoire de la philosophie, que Cyrille Bégorre-Bret se confronte sans hésiter à notre modernité, non seulement par le choix des auteurs dont il traite (trois sont nés au XXe siècle) mais par la prise en compte de phénomènes de société majeurs, comme l'émancipation des femmes ou l'émergence, de mieux en mieux acceptée, d'un « mode de vie homosexuel ». Cela pose à nouveaux frais la question du couple, qui devient de plus en plus un lieu d'amitié possible et nécessaire (dont rêva Montaigne), mais aussi la question de l'amitié elle-même, qui n'exclut plus systématiquement, comme ce fut le cas pendant des siècles, ce mélange de sensualité et d'intimité sans pareilles que la sexualité permet d'explorer, entre amis comme entre amants, au point que les deux statuts, parfois, se confondent, y compris chez les hétérosexuels. Cela, qui semble brouiller les frontières, entre l'amour et l'amitié comme entre hommes et femmes, permet en réalité d'y voir plus clair, en se libérant de schémas qu'on croyait éternels et qui n'étaient que le poids, sur nos mentalités, de l'histoire ou de la religion. Davantage de lucidité, dans la pensée, et de liberté, dans nos mœurs. On aurait bien tort de s'en plaindre !

Le passé n'est pas pour autant aboli, qui nous éclaire et nous permet seul de distinguer ce que notre temps peut avoir de singulier. Je commençais par Aristote. Terminons par lui. « Entre amis, disait-il, on n'a plus besoin de justice ; alors qu'entre justes, on a encore besoin d'amitié[1]. » C'est l'une des phrases, chez cet immense génie, qui me touchent le plus. Que la justice, pour Aristote comme pour la plupart des Anciens, soit la plus haute des vertus, cela ne signifie pas qu'on puisse s'en contenter. Elle est la vertu socialement la plus nécessaire, et individuellement, peut-être, la plus admirable. Mais qui ne saurait suffire à notre bonheur, ni, seule, donner goût et valeur à notre vie. Seul l'amour peut nous combler, mais quand il est juste et libre (ce que la passion amoureuse ne saurait être, ce dont la charité n'a cure), et c'est ce qu'on appelle l'amitié, qui est « ce qu'il y a de plus nécessaire pour vivre[2] ».

Est-elle une expérience ou un idéal ? Sans doute les deux, et c'est parce que l'idéal est très haut que l'expérience, souvent, paraît décevante. On prête à Aristote ce mot : « Ô mes amis, il n'y a point d'amis ! » La formule, dans son aspect paradoxal (elle semble se contredire elle-même), suggère à nouveau quelque chose d'essentiel : que l'amitié n'est jamais tout à fait conforme à ce qu'on voudrait qu'elle soit (un amour et une confiance indestructibles), mais qu'elle y tend, du mieux qu'elle peut, c'est-à-dire du mieux que nous pouvons, et qu'elle vaut mieux, même imparfaite, que l'indifférence, que la camaraderie superficielle, et même, pour mon goût et malgré l'ami Debray, que la très républicaine fraternité, trop réduite pour l'esprit, qui n'a ni patrie ni frontières, trop vaste pour nos cœurs. Comment pourrais-je aimer soixante millions de Français ? Et pourquoi n'aimer qu'eux ? La charité, si j'en étais capable, vaudrait mieux. Mais qui peut aimer tout le monde et n'importe qui ?

On choisit ses amis. On ne choisit ni son prochain ni ses concitoyens. Par quoi l'amitié est l'amour le plus libre, et la plus aimante des libertés.

André Comte-Sponville

---

1. *Éthique à Nicomaque*, VIII, 1, 1155 a.
2. *Ibid.*

Avant-propos

L'amitié, une question vitale

Au travail et en vacances, sur les réseaux sociaux et dans les clubs sportifs, dans les associations et dans les partis politiques, partout ou presque nous nouons des complicités, des affinités et des solidarités. Certaines de ces relations sont un peu particulières. Faites d'intimité et d'affection, elles sont privilégiées. Ce sont elles que nous nommons « amitiés ». Elles sont indispensables à notre épanouissement et peuvent nous aider à être heureux.
Les philosophes l'ont bien compris. C'est pourquoi ils n'hésitent pas à poser des questions très crues sur ces relations spéciales. En amitié, les questions les plus simples sont souvent les plus difficiles et les plus intéressantes : qu'est-ce qu'un véritable ami ? Peut-on vivre sans amis ? Le sexe et l'amitié sont-ils incompatibles ? Entre mon intérêt et celui de mon ami, que choisir ? Une amitié nocive est-elle préférable à la solitude ?
Dans ce livre, j'explique les réponses de grands penseurs à ces questions. Mon texte s'adresse, bien sûr, aux personnes qui aiment la philosophie. Mais, plus largement, il est destiné à toutes celles et à tous ceux qui s'interrogent sur leurs amitiés.

À première vue, l'amitié fait consensus. Rares sont ceux qui critiquent l'amitié. Et nombreux sont les penseurs qui en font l'éloge. Pourtant, cet « accord des grands esprits » n'est qu'apparent. Dès qu'ils discutent de la nature et de la valeur de l'amitié, les philosophes entrent dans des débats très vifs. Je voudrais en donner un aperçu fidèle et accessible.

À la recherche du véritable ami

Qui sont mes véritables amis ? Mon collègue de bureau, mon coéquipier, mon compagnon de vie ou mon partenaire sexuel sont-ils mes amis à proprement parler ?

Je ne peux pas trancher ces questions tant que je ne sais pas ce qu'est l'amitié. Tant que je ne la définis pas. Définir l'amitié n'est pas une marotte d'intellectuel pédant. C'est un des moyens de ne pas me tromper dans mes relations avec ceux qui m'entourent. Chercher la nature de l'amitié, c'est, tout simplement, essayer de reconnaître les vrais amis et les amitiés véritables.

Or les philosophes sont loin d'être en accord sur la nature de l'amitié. Pour certains, comme Épicure et Voltaire, l'amitié est presque un contrat entre des partenaires qui cherchent leur bien en commun. Pour d'autres, comme Aristote et Montaigne, la véritable amitié est une fusion entre deux individus.

L'amour, le sexe et l'amitié : des frontières disputées

Entre l'amour, le sexe et l'amitié, la séparation n'est-elle pas évidente ? Mes amants ne sont pas mes amis. Mes meilleures amies ne sont pas mes partenaires érotiques. Dans cette veine, tout un courant de pensée trace une limite nette entre l'amitié, le sexe et l'amour. L'amitié serait une affection modérée et raisonnable alors que le sentiment amoureux et l'attirance sexuelle seraient des passions violentes et irraisonnées.

Même si elles sont données comme allant de soi, ces lignes de démarcation sont très critiquées. Y a-t-il une différence de nature entre amour et amitié, comme l'affirment Aristote, Montaigne et Kant ? Ou bien y a-t-il une différence de degré qui n'exclut pas des chevauchements, comme le soutiennent Platon, Beauvoir et Foucault ?

En particulier, pour Beauvoir, séparer nettement toutes ces affections, c'est dresser des barrières illégitimes entre les sexes. Selon la tradition, l'amitié serait une affaire d'hommes. Les femmes seraient des êtres d'amour et sûrement pas des amies potentielles. Entre les femmes et les hommes, l'amitié serait presque impossible. Pour Beauvoir, la hiérarchie traditionnelle des sentiments (l'amitié serait plus noble que l'amour) ne serait rien d'autre que le reflet de la hiérarchie des sexes (les hommes seraient supérieurs aux femmes).

Pour Foucault, exclure la sexualité de l'amitié, c'est prendre une forme particulière d'amitié pour l'amitié en général. C'est considérer l'amitié non sexuée et superficielle des Modernes comme la seule forme d'amitié possible. En réalité, dans l'Antiquité comme dans le monde d'aujourd'hui, les relations entre personnes sont plus riches et plus complexes. Amour, amitié et sexualité se combinent à chaque fois de façons différentes dans les multiples relations que nous avons avec autrui.

Les frontières entre amitié, amour et sexualité ne sont pas unanimement reconnues - loin de là - par la communauté des philosophes.

Avoir des amis :
la règle ou l'exception ?

Une autre question excite le débat entre penseurs. Avoir des amis, rien de plus banal, pensons-nous souvent. Pourtant, nous estimons aussi qu'il est rare d'avoir de véritables amis. Une question philosophique se pose alors : l'amitié est-elle une réalité humaine courante ? Ou bien représente-t-elle un idéal rarissime ?

Cette alternative oppose deux grands types de conception de l'amitié. Pour Aristote et Épicure, l'amitié, même sous une forme imparfaite, est une dimension naturelle de toute existence humaine. L'homme est, par nature, un « animal amical » et les personnes sans amis sont des exceptions. Au contraire, pour Montaigne, Pascal et Nietzsche, seules certaines relations extraordinaires méritent d'être considérées comme des amitiés. L'amitié est, selon eux, un idéal presque inaccessible. Les hommes sans amis sont la règle et les paires d'amis, l'exception.

Idéal de vie
ou petit plaisir de l'existence ?

Les philosophes divergent aussi sur la valeur de l'amitié. Bien sûr, ils la voient souvent comme quelque chose de plutôt positif. Mais il y a une grande différence entre ceux qui la considèrent comme un modèle éthique et ceux qui la voient comme un agrément secondaire.

Pour Aristote, Montaigne et Foucault, les amitiés réussies nous montrent la voie vers la vie la meilleure possible. L'amitié est l'école de la vertu et le chemin de la perfection. Autrement dit, être un bon ami, c'est commencer à être un homme bon.

Pour Pascal et Debray, l'amitié a une place bien plus limitée. En fait, c'est un idéal assez étriqué. Elle est purement individuelle. L'amour du prochain, la charité ou la fraternité ont une valeur éthique largement supérieure car elles portent non sur des individus mais sur des groupes. De plus, nos amis ne sont pas des maîtres de vertu. Certains peuvent nous entraîner vers le mal.

Faire de l'amitié un modèle de morale, n'est-ce pas présumer de ses forces ? L'amitié est un des plaisirs de l'existence. Mais peut-on attendre d'elle une règle de vie et une boussole pour la direction de notre conduite ?

L'ami, l'égoïste et l'altruiste

Un dernier paradoxe suscite d'abondantes discussions.

D'un côté, j'attends de mes amis qu'ils soient altruistes. S'ils sont de véritables amis, ils ne doivent pas faire passer leurs propres intérêts avant les miens. Mais, d'un autre côté, n'y a-t-il pas toujours un égoïsme secret dans l'altruisme de l'ami ? Pascal le souligne : se sacrifier pour son ami peut être suprêmement égoïste. On peut chercher ainsi à s'attirer la considération de ses amis. On peut même chercher à écraser ses amis de sa supériorité morale.

L'amitié véritable est-elle, par définition, altruiste comme le soutient Kant ? L'amitié des hommes est-elle toujours teintée d'égoïsme comme le soupçonne Pascal ? Ou bien l'amitié accomplie ne dépasse-t-elle pas l'opposition entre altruisme et égoïsme, comme le soutient Aristote ?

L'amitié semble défier les catégories habituelles de la moralité. Elle nous incite à définir nos idéaux éthiques.

Pour finir, je dirai un mot sur mes choix pour le plan du livre. La sélection des auteurs est toujours difficile. C'est la contrepartie de la brièveté des ouvrages de cette collection.

J'ai voulu que le plan du livre reflète l'importance de l'amitié dans les philosophies de l'Antiquité et de la Renaissance avec Platon, Épicure, Aristote et Montaigne. J'ai également souhaité qu'il donne une idée du renouveau des philosophies de l'amitié dans la période contemporaine avec Beauvoir, Foucault et Debray.

À mes yeux, plusieurs auteurs auraient mérité un chapitre à part entière. Hobbes, Hume, Voltaire, Rousseau et Sartre sont de ceux-là. J'ai partiellement réparé cette injustice en leur consacrant des encadrés. Ricœur et Derrida auraient également nécessité des textes séparés. Comme on le verra, je me suis profondément inspiré de leurs essais respectifs pour élaborer et renouveler les problématiques sur l'amitié[1].

---

1. Paul Ricœur, *Soi-même comme un autre*, Éditions du seuil, coll. « Points Essais », Paris, 1990, septième et huitième études, p. 199-278 et Jacques Derrida, *Politique de l'amitié*, éditions Galilée, Paris, 1994 et *Amitié et politique*, éditions Galilée, Paris, 2011.

1/ Platon :
l'ami des Idées

Pour commencer...

La vie de Platon oscille entre amitiés décisives et attachements déçus.

Platon naît à Athènes, en − 427 avant notre ère, dans une famille proche des cercles dirigeants. Il a la trajectoire habituelle d'un jeune homme de bonne famille : formé par les meilleurs maîtres, il se destine à la vie politique. Platon est apparenté à deux membres du gouvernement autoritaire des Trente Tyrans qui dirige Athènes en − 404. Il prend rapidement ses distances avec eux. L'expérience de la tyrannie le détourne de sa vocation politique. Il décrit cette rupture dans une lettre qui présente son « autobiographie intellectuelle » :

> « *Cette corruption avait atteint une importance si étonnante que moi, qui, dans un premier temps, avais été submergé par un grand désir de m'occuper des affaires publiques, je finis par être pris de vertige[1].* »

À partir de − 408, Platon vit dans l'entourage d'un citoyen controversé : Socrate. Cette rencontre change le cours de sa vie. Il consacre une bonne partie de son œuvre à la réflexion sur son maître et ami. La condamnation à mort de Socrate par un tribunal populaire athénien, en − 399, est décisive pour Platon. Dans le *Criton*, il retrace les dernières heures de Socrate :

> « *Telle fut la mort de notre ami, d'un homme qui, nous pouvons le dire, fut, parmi les hommes de ce temps que nous avons connus, le meilleur et aussi le plus sage et le plus juste[2].* »

Platon entreprend alors de longs voyages en Égypte, en Sicile et dans le sud de l'Italie. Ces périples le mettent en relation avec les élites politiques, scientifiques et intellectuelles du bassin méditerranéen. Platon se lie notamment avec l'homme politique

---

1. Platon, *Lettre VII*, 325d.
2. *Criton*, 118a.

et mathématicien Archytas de Tarente, qui lui inspire l'idée d'un « philosophe roi ». Lorsqu'il revient à Athènes, Platon crée l'Académie. C'est la première institution de recherche et d'enseignement supérieur de Grèce. Elle rassemble philosophes et scientifiques, maîtres et disciples, au sein d'une communauté de vie.

Le désir de mener une vie philosophique dans une communauté séparée créée à cet effet n'éteint pas, chez Platon, le désir d'avoir une influence publique. Depuis ses voyages, Platon est lié avec les dirigeants de la cité sicilienne de Syracuse. Par trois fois, le philosophe séjourne à la cour de Syracuse. Par trois fois, il accepte de devenir le conseiller des chefs de la cité. Par trois fois, il échoue à réformer le régime syracusain. Ses tyranniques « élèves » n'hésitent pas à l'emprisonner et à le vendre au marché aux esclaves. Il ne doit son salut qu'à son ami Archytas. Jusqu'à sa mort, en − 347, Platon enseigne à l'Académie et y écrit de nombreux dialogues.

L'amour grec et l'amitié platonicienne

Le philosophe de l'amour ?

Platon est souvent considéré comme un penseur de l'amour plutôt que comme un philosophe de l'amitié. Ainsi, Comte-Sponville écrit :

> *« Platon n'a rien écrit qui vaille sur l'amitié, et ce n'est pas un hasard*[1]. *»*

Le *Banquet*, le dialogue de Platon consacré à l'amour, occupe, il est vrai, une place centrale dans la philosophie ancienne et joue un rôle majeur dans la Renaissance humaniste alors que le *Lysis*, qui porte sur l'amitié, est beaucoup moins célèbre. L'assimilation de l'amour à un manque et la conception du désir comme une

---

1. André Comte-Sponville, *Petit Traité des grandes vertus*, Le Seuil, coll. « Points essais », Paris, réédition 2006, p. 366.

lacune qui cherche à se combler sont bel et bien des idées léguées par Platon à la philosophie occidentale. Quelle place reste-t-il à l'amitié dans une philosophie qui accorde une si grande importance à l'amour ?

L'amour grec traditionnel

Quand on aborde la conception platonicienne de l'amour et de l'amitié, une question se pose rapidement : Platon accepte-t-il la distinction courante entre amour et amitié ? Rejette-t-il le désir et le sexe hors de l'amitié ? La question se pose en raison de la force de l'homosexualité en Grèce ancienne et de la valorisation de l'homosexualité couramment attribuée à Platon.

Platon part du cadre traditionnel grec et le discute. De nombreux historiens nous rappellent que, quand on parle d'« amour grec », il faut garder à l'esprit que l'homosexualité antique est avant tout une institution profondément publique et sociale. Elle n'est pas conçue principalement comme une pratique spécifique. L'amour entre hommes a une vocation éducative, intellectuelle et politique. En règle générale, l'amour homosexuel grec ne s'épanouit pas dans des couples liés pour la vie par des sentiments. Il lie un maître et un disciple pour le temps de la formation.

L'amant et l'aimé

L'amour grec traditionnel unit deux hommes d'âges et de statuts différents : l'amant et l'aimé. Ils ont des rôles complémentaires. L'amant, plus âgé, a, auprès de l'aimé, encore adolescent, les fonctions d'un maître qui l'initie au monde des adultes. Il lui transmet connaissance et prestige social. L'affection qu'il porte à l'aimé se manifeste par des bienfaits. L'affection de l'aimé pour l'amant est différente : elle relève de la reconnaissance et de l'admiration. Les relations sexuelles entre amants et aimés existent mais elles ne sont pas autorisées dans toutes les cités. Avant d'être une relation amoureuse, érotique et sexuelle, le couple de l'amant et de l'aimé est un lien profondément politique, social et éducatif.

Platon et l'homosexualité

Vis-à-vis de l'amour grec traditionnel, Platon est à la fois en continuité et en rupture. En continuité, car il étudie l'amour et l'amitié à partir de relations masculines d'où la dimension sexuelle n'est pas absente. En rupture, car il élabore un système d'éducation basé sur un enseignement rationnel et scientifique qui tranche avec l'éducation par imitation de l'amant par l'aimé. L'histoire d'Alcibiade et Socrate, dans *Le Banquet*, donne des indications sur la position de Platon sur l'amour grec.

Socrate et Alcibiade : une histoire d'amour ?

Dans le *Banquet*, Platon met en scène l'histoire d'amour entre son propre maître, Socrate et Alcibiade, un jeune homme d'une grande beauté et promis à un bel avenir. Socrate se déclare amoureux d'Alcibiade mais il refuse toute relation intime avec lui. De son côté, Alcibiade essaie de faire la conquête de Socrate mais il échoue et se résigne à être seulement son élève. Leur relation est-elle une histoire d'amour, une amitié entre maître et disciple ou autre chose encore ?

La relation entre Alcibiade et Socrate illustre l'originalité de la position de Platon sur l'amour entre hommes. Les relations sexuelles ne sont pas condamnées mais passent au second plan. Socrate vise quelque chose de plus important que l'intimité physique, le plaisir sexuel ou la complicité personnelle. Pour Socrate, l'amant et l'aimé véritable ne se désirent pas l'un l'autre mais recherchent ensemble la sagesse. C'est la conception développée dans le *Banquet*. Reste à comprendre comment amour socratique, amitié et sexualité masculine s'articulent dans le seul dialogue de Platon consacré explicitement à l'amitié : le *Lysis*.

Socrate et les défis de l'amitié

Dans le *Lysis*, Platon n'expose pas une théorie complète et détaillée de l'amitié. Il analyse les problèmes auxquels on se heurte quand on philosophe sur l'amitié. L'intérêt du *Lysis* est avant tout d'ouvrir des débats sur l'amitié. C'est à ce titre que le *Lysis* est un texte-clé malgré la faiblesse de sa renommée : il présente les défis que tout philosophe doit relever quand il réfléchit sur l'amitié.

Une mise en scène significative

Platon suit les pas de Socrate. Au cours d'une de ses promenades, celui-ci rencontre un de ses amis qui le convie à assister à une cérémonie tenue dans un établissement où les jeunes gens libres reçoivent leur éducation physique et intellectuelle. Socrate y engage la conversation avec deux garçons qui éprouvent l'un pour l'autre une vive affection, Ménexène et Lysis.

Comme souvent dans ses dialogues, Platon use d'une véritable mise en scène pour donner des indications sur la teneur de la recherche philosophique qu'il entend mener. Premier élément de la dramaturgie, la réflexion sur l'amitié prend place dans un contexte éducatif. Pour Platon comme pour la tradition grecque classique, l'amitié est un des ressorts de la formation des jeunes gens.

Deuxième élément à la fois littéraire et philosophique, l'amitié est une affection qui comprend une forte dimension d'attirance y compris physique. Les frontières entre *eros* (amour) et *philia* (amitié) sont volontairement brouillées.

Comment connaître l'amitié ?

Pour dissiper l'ignorance de ses interlocuteurs, Socrate recourt, tout au long du texte, à ses instruments habituels, l'ironie et la réfutation. Il entame la discussion avec Ménexène en admirant son amitié avec Lysis :

> *« Je crois — par le chien ! — que je préférerais un ami à tous les trésors de Darius, tant je suis avide d'amitié. Aussi quand je vous vois, Lysis et toi, je suis émerveillé* [1]. *»*

1. *Lysis*, 211e.

Socrate joue au naïf dans cet éloge. Il se présente comme pris dans une terrible difficulté : il souhaite ardemment l'amitié mais prétend qu'il ignore comment se faire des amis. Et il demande à ses interlocuteurs de le sortir de cette difficulté grâce à leur connaissance intime de l'amitié :

> *« Pour moi, je suis si loin d'un pareil bonheur que je ne sais même pas comment on devient ami les uns des autres et c'est la question que je veux te poser, à toi qui le sais par expérience[1]. »*

L'ironie socratique est une naïveté feinte. Quand Socrate demande à ses interlocuteurs de lui expliquer ce qu'est l'amitié, ceux-ci restent sans voix. Et Socrate de s'étonner de leur embarras. Il débusque l'ignorance qui s'ignore elle-même. Il met au jour une première difficulté sur l'amitié : les hommes louent l'amitié et la recherchent sans savoir ce qu'elle est au juste. Ils prennent leurs petites expériences particulières de l'amitié pour une véritable connaissance de l'amitié.

Cette difficulté soulève une question centrale pour les philosophies de l'amitié : comment pouvons-nous connaître ce qu'est l'amitié ?

Connaître l'amitié : une entreprise impossible ?

Dans le roman *Les Copains* (1913), l'écrivain Jules Romains fait l'éloge de l'amitié en narrant les aventures d'une bande de camarades. À la différence de Socrate, Romains considère qu'éprouver l'amitié suffit à la connaître. Théoriser l'amitié est inutile. Il suffit d'avoir des amis. L'amitié est inconnaissable et c'est pour cette raison que les discours philosophiques sur elle sont toujours faux. Romains écrit : « On ne sait pas ce que c'est que l'amitié. On n'a dit que des sottises là-dessus. »

---

1. *Ibidem*, 212a.

Qu'est-ce qu'un véritable ami ? L'amitié est-elle distincte de l'amour ? Dans l'amitié, dois-je rechercher l'intérêt de mon ami ou le mien ? Toutes ces questions – et bien d'autres encore – sont insolubles tant qu'on en reste à une idée banale de l'amitié. Tant que Lysis et Ménexène en restent à une connaissance empirique de l'amitié, ils s'exposent à des difficultés sans fin. Seule une définition universelle de l'amitié peut nous aider à nous orienter. À travers les multiples interrogations du *Lysis*, Socrate souligne la nécessité de parvenir à une connaissance vraie, raisonnée et justifiée de l'amitié. Connaître l'amitié au sens d'« éprouver de l'amitié » ne suffit pas. Il faut connaître l'amitié au sens philosophique, c'est-à-dire analyser ses causes, sa nature et ses manifestations.

Est-on amis par intérêt ?

Socrate soulève une autre difficulté sur l'amitié en posant une série de questions à Lysis :

> *« Socrate : Comment alors trouver des amis ? Quelle affection peut s'attacher à nous en l'absence de toute qualité utile aux autres ? Lysis : C'est impossible*[1]*. »*

Socrate prend appui sur l'expérience personnelle de ses interlocuteurs. À Lysis il demande pourquoi ses parents et ses camarades ont de l'affection pour lui. La réponse est évidente pour Lysis : il est l'objet de l'affection de ses proches parce qu'il a certaines qualités, certains savoirs et certaines compétences. L'amitié est bien plus que la sympathie ou la complicité entre personnalités. Pour être véritablement ami avec quelqu'un, il faut avoir des qualités objectives qui servent à cet ami :

> *« Si donc tu deviens savant, tous les hommes seront pour toi des amis et des parents : car tu deviendras utile et bon.*

---

[1]. *Ibidem*, 201c.

> *Sinon personne n'aura d'amitié pour toi, ni ton père ni ta mère*[1]. »

Être ami, c'est être utile à ses amis, leur donner ce qu'ils n'ont pas et ainsi combler certaines de leurs lacunes. L'amitié est guidée par un puissant intérêt. À l'inverse, une amitié désintéressée semble peu probable. Un homme sans qualités pourrait-il avoir des amis ?

Platon donne ainsi une première formulation à la question récurrente de l'égoïsme en amitié. D'un côté, l'amitié peut sembler égoïste car nous sommes amis avec ceux qui, par leurs qualités, nous sont utiles. Mais, d'un autre côté, l'amitié peut sembler altruiste car nous entretenons l'amitié en mettant nos propres qualités au service de nos amis.

L'amitié est-elle toujours réciproque ?

Socrate soulève une difficulté supplémentaire sur l'amitié : pour être ami avec quelqu'un, faut-il nécessairement que cette affection soit mutuelle ? Comme les interlocuteurs de Socrate, on peut avoir pour premier mouvement de répondre : oui ! On est amis quand on a une affection réciproque l'un pour l'autre. Socrate formule alors une série d'objections et met en évidence des affections non payées de retour. Les amitiés du parent pour l'enfant, du disciple pour le maître ou du gouvernant pour les gouvernés ne sont pas nécessairement réciproques et sont, pourtant, des amitiés[2] :

> *« Ne peut-il arriver qu'on aime sans être aimé en retour*[3] *? »*

---

1. *Ibidem*, 201c.
2. *Ibidem*, 213a.
3. *Ibidem*, 212b.

Les interlocuteurs de Socrate sont conduits à soutenir une idée contraire à leur opinion initiale : il y a amitié même quand l'affection n'est pas réciproque. Ils se contredisent eux-mêmes :

> *« Nous arrivons à contredire notre opinion précédente. Car tout à l'heure nous disions que si l'un des deux aimait, tous deux étaient amis et maintenant nous disons que, si tous deux n'aiment pas, ni l'un ni l'autre ne sont amis*[1]. *»*

L'interlocuteur de Socrate se trouve engagé dans un processus de réfutation : aiguillonné par une série de questions, il se contredit, le reconnaît lui-même sous la conduite de Socrate et prend ainsi conscience de son ignorance. Il se trouve purifié de sa propre ignorance. Mais il ne parvient pas encore à donner une réponse définitive à la question : « une amitié est-elle nécessairement réciproque ? » Socrate et Ménexène parviennent à un accord provisoire sur la réciprocité en amitié. Au vu des différentes figures de l'amitié, il serait restrictif de limiter l'amitié aux affections réciproques. Toute une série d'affections et d'amitiés (*philiai*) sont unilatérales.

À travers le long processus réfutatif, Platon met en question la réciprocité en amitié. Il lance ainsi des débats repris par les philosophes ultérieurs.

L'ami : jumeau ou complémentaire ?

Le *Lysis* jette également les bases de la discussion qui deviendra classique entre l'amitié-identité et l'amitié-complémentarité. Sommes-nous amis avec des personnes semblables à nous ? Ou bien sommes-nous amis avec des personnes suffisamment différentes de nous pour nous compléter ?

---

1. *Ibidem*, 212d.

Les semblables sont amis

Socrate et Lysis examinent la première idée à l'aide de proverbes dont notre sagesse populaire donne un équivalent dans le dicton « qui se ressemble s'assemble ». L'idéal amical est ici celui des jumeaux : entre deux êtres identiques, la sympathie, la convergence et l'union sont immédiates et solides. Toutefois, Socrate et Lysis refusent d'en rester au niveau de la sagesse populaire. Ils passent cette thèse au crible. Si l'amitié réunit des semblables, deux cas de figure se présentent. Soit les amis sont vicieux. Soit ils sont bons. Socrate réfute l'une après l'autre les deux branches de l'alternative. Des jumeaux vicieux pourraient-ils être amis ? La réponse de Socrate est négative. Deux personnes identiques par le vice chercheront à se nuire l'une à l'autre :

> *« Le méchant est d'autant plus ennemi avec le méchant qu'il le connaît et le fréquente davantage. Le méchant, en effet, commet l'injustice. Or il est impossible que celui qui commet l'injustice et celui qui la subit soient amis[1]. »*

L'amitié entre bandits est-elle une fiction ?

L'amitié entre bandits est un motif récurrent du cinéma. Ainsi, les cambrioleurs d'élite réunis sous la houlette de Danny Ocean dans le film *Ocean's Eleven* (2002) semblent liés par une indéfectible amitié. Mais il s'agit d'une fiction. Dans la réalité, l'union au sein des bandes de malfaiteurs est si précaire qu'elle ne peut pas déboucher sur l'amitié. Identiques par leur recherche de gains faciles au détriment d'autrui, ils sont perpétuellement tentés de se nuire mutuellement. Le cinéma peut fournir l'antidote à ses propres illusions. Dans le film *Usual Suspects* (1995) une bande de truands soudée par le désir de s'enrichir se disloque rapidement dès qu'un de ses membres trahit tous les autres.

---

1. *Ibidem*, 214c.

Socrate réfute également la deuxième branche de l'alternative. Des jumeaux moralement bons pourraient-ils devenir amis ? La réponse de Socrate est négative : pourquoi deviendraient-ils amis l'un de l'autre ? Aucun des deux ne peut trouver en l'autre ce qui lui manque :

> *« Comment donc les bons seraient-ils amis des bons le moins du monde, à notre avis, [...] si leur réunion ne leur procure aucun avantage[1] ? »*

Si les personnes en jeu sont vicieuses, leur amitié est impossible. Et si elles sont bonnes, leur amitié est sans objet. L'amitié-identité semble compromise.

L'amitié, c'est la complémentarité

Faut-il donc penser au contraire que l'amitié rassemble des personnes différentes ? La sagesse populaire fournit d'autres proverbes pour appuyer cette thèse. Voici comment Socrate les résume :

> *« Par une nécessité universelle, la jalousie, les querelles, l'hostilité règnent entre les choses les plus semblables, comme l'amitié entre les plus différentes ; que le pauvre est forcé d'être l'ami du riche, le faible du fort pour en obtenir du secours[2]. »*

En quoi une personne dotée des mêmes qualités et des mêmes défauts que moi-même pourrait-elle susciter mon affection ? Ni mon jumeau ni mon double ne peuvent m'intéresser. Entre des personnes semblables, il ne peut régner que l'indifférence ou la rivalité. Par exemple, si j'ai les mêmes défauts et les mêmes qualités qu'une autre personne, celle-ci portera son désir sur les mêmes biens. Plutôt que d'être liés par une affinité, nous entrerons en concurrence. La difficulté disparaît dès que je suis en relation avec des personnes dissemblables : comme nous ne

---

1. *Ibidem*, 215c.
2. *Ibidem*, 215d-e.

nous trouverons pas rivaux, nous pourrons nous lier d'amitié. Cette amitié est même nécessaire si nous trouvons en l'autre ce qui nous manque.

Toutefois, Socrate récuse également l'amitié-complémentarité. Il pousse la thèse à son extrémité. Quelle est la personne la plus différente de moi ? C'est mon ennemi, c'est-à-dire celui qui a des caractéristiques si différentes des miennes qu'elles leurs sont opposées. La conséquence est qu'on pourrait être ami de son ennemi :

> *« C'est une chose singulièrement contradictoire, et même impossible, d'être l'ennemi de son ami et l'ami de son ennemi[1]. »*

Le raisonnement par l'absurde conduit à une nouvelle réfutation. Lysis écarte lui-même la thèse de l'amitié-complémentarité au vu des conséquences qu'il en dégage grâce à Socrate : la différence entre amitié et hostilité disparaît.

La discussion sur l'identité et la différence en amitié conduit à deux impasses. L'amitié entre personnes identiques est incompréhensible. Et l'amitié entre personnes parfaitement différentes, comme les ennemis, est tout aussi inconcevable.

L'étourdissement socratique

Cette série de discussions et de réfutations laisse les interlocuteurs de Socrate quelque peu déboussolés. L'accumulation des paradoxes étourdit aussi les lecteurs de Platon. Socrate est un poisson électrique, comme le dit Ménon dans un autre dialogue :

> *« Socrate, j'avais entendu dire, avant même de te rencontrer, que tu ne fais rien d'autre que de te mettre toi-même dans l'embarras, et de faire tomber les autres dans l'embarras. Et tu me donnes tout à fait l'impression, s'il faut aussi se moquer un peu, d'être très semblable, par l'aspect et le reste, à cette large et plate engourdisseuse*

---

1. *Ibidem*, 213b.

> *marine. Car aussi bien celle-ci fait être engourdi à chaque fois qui s'approche et la touche, et toi, tu me donnes l'impression de m'avoir maintenant fait quelque chose de pareil[1]. »*

À force d'examiner les opinions reçues sur l'amitié, les lecteurs du *Lysis* ont l'impression de ne plus rien savoir sur elle. Nos préjugés sont ébranlés. Nous sommes placés devant une série de questions concrètes que nous sommes incapables de trancher. Socrate nous étourdit sciemment.

Une amitié impersonnelle

Le Bien, le premier ami

Cet ensemble de problèmes constitue le premier apport de Platon à la réflexion sur l'amitié. Toutefois, Platon ne clôt pas ces débats sans donner sa conception de l'amitié. Le *Lysis* esquisse des thèses positives sur l'amitié. Elles sont très proches de celles du *Banquet* sur l'amour.

Socrate parvient à dégager un point d'accord avec les jeunes gens. Il leur pose une question simple : qu'aimez-vous, au fond, dans vos amis ? Pour Lysis, Ménexène et tous les amis qui assistent à la discussion, la réponse est évidente : ce qu'on aime, dans son ami, ce sont ses qualités. Pour eux, il est impossible d'aimer quelqu'un pour ses défauts :

> *« Quand nous appelons amie une chose que nous aimons en vue d'une autre, notre amitié n'est qu'une manière de parler : la chose vraiment aimée semble bien être celle-là seule où tendent toutes ces prétendues amitiés. Voici un point réglé : c'est le Bien qui est aimé[2]. »*

Ce qui est véritablement aimé et désiré, dans l'ami, ce sont ses qualités. À travers elles, c'est la cause de ses qualités qui est

---

1. *Ménon*, 80a.
2. *Lysis*, 220b.

recherchée. C'est ce que Socrate et ses interlocuteurs conviennent d'appeler le Bien. Il n'est ni le bien particulier ni la qualité singulière de telle ou telle personne. Il est le principe de tout ce qui est bien chez nos amis. C'est lui l'« ami premier ».

La conception platonicienne de l'amitié prend ici une tournure hautement paradoxale que Le *Banquet* reprend et développe à propos de l'amour.

L'amour et l'amitié, une dynamique commune

La dynamique de l'amitié n'est pas fondamentalement différente de celle de l'amour. On le relève tout au long du *Lysis*, Platon confond fréquemment et volontairement plusieurs types d'affection : amour parental, désir érotique, affinités intellectuelles, etc. Les sentiments de Lysis et de Ménexène ne sont pas une amitié strictement bornée selon les canons contemporains. Cette confusion est volontaire. Pour Platon, toutes les affections humaines ont, au fond, le même objet : le Bien. Toutes les réflexions sur les différences entre amour et amitié ou entre les différents types d'amitié sont ici placées au second rang. Certes, les affections humaines ont des cadres, des expressions qui diffèrent. Mais les frontières entre, d'une part, amitié (*philia*) et, d'autre part, amour (*eros*) sont en réalité bien secondaires. Seule compte la spirale ascendante du désir humain vers le Bien.

À la limite, l'amitié peut apparaître comme une affection impersonnelle. Les amitiés particulières – celle de Lysis et de Ménexène, celle de Platon et de Socrate – constituent seulement des étapes vers une amitié plus large et plus profonde. Fixer son affection sur une personne résulte d'une ignorance sur le véritable objet de l'amitié, le Bien. Dès que la philosophie entre en action, elle conduit les amis au dépassement de l'amitié pour des personnes vers une affection qui a un objet plus élevé et plus digne, le Bien, l'Idée du Bien. La véritable amitié, c'est celle du philosophe : il est ami (« *philos* » en grec ancien) de la sagesse (« *sophia* » en grec ancien). Toutes les amitiés particulières, personnelles, circonstancielles ne sont que des versions imparfaites et provisoires de cette amitié véritable, la philosophie.

Paradoxale amitié

La vision platonicienne de l'amitié est basée sur la recherche du bien qui nous manque. Elle attribue à l'amitié des caractéristiques bien éloignées de la conception « ordinaire » de l'amitié. La série des problèmes du *Lysis* fait émerger, en creux, une série de caractéristiques qui donnent à l'amitié platonicienne un visage étonnant.

L'amitié peut être non-réciproque si la personne chez laquelle nous cherchons ce qui nous manque ne trouve pas en nous-mêmes, en retour, ce qui lui manque. Elle efface ainsi la distinction entre ami et ennemi car la figure maximale de l'amitié non-réciproque peut mettre en jeu deux personnes dont l'une éprouve même de l'hostilité envers celle qui la considère comme amie. Ajoutons que l'amitié est un phénomène qui n'est, au fond, pas personnel : l'amitié consciente d'elle-même sait qu'elle ne porte pas sur des personnes particulières mais sur un principe, le Bien. Au regard de cette dynamique, la distinction entre amitié et amour n'est pas essentielle. Les alternatives entre amour et amitié, entre désir et respect ou encore entre hétérosexualité et homosexualité sont mineures.

Certes, l'amour et l'amitié ont peut-être des manifestations sensibles différentes. Mais, au fond, l'enjeu philosophique est de dégager l'objet véritable des affections humaines ordinaires.

La conception platonicienne de l'amitié est profondément et délibérément paradoxale. C'est qu'elle a pour objectif ultime de faire comprendre aux hommes que leurs amitiés ordinaires doivent être converties en une amitié véritable tournée vers le Bien.

Pour finir...

Platon lance plusieurs débats fondamentaux sur l'amitié. Ils seront repris par beaucoup de penseurs. Platon développe aussi une conception résolument paradoxale de l'amitié : mue par la recherche de son propre bien, unilatérale, impersonnelle, presque indiscernable de l'amour, l'amitié platonicienne est volontairement éloignée de l'amitié ordinaire.

Étrange amitié que l'amitié platonicienne ! Elle est moins une affection entre deux personnes qu'une relation triangulaire orientée vers un Bien plus qu'humain. Le premier (et sans doute le seul) ami, c'est le Bien. Au fond, chez Platon, on n'est jamais ami que des Idées.

2 / Aristote :

l'amitié
comme modèle de vie

Pour commencer...

Aristote naît à Stagire, en Grèce, en − 382 avant notre ère. Son père est médecin à la cour du roi de Macédoine. Pour parfaire son éducation, Aristote gagne Athènes, la capitale intellectuelle et scientifique du monde grec et entre à l'Académie de Platon en − 367. C'est le début d'une période de vingt années d'études, de recherches et d'enseignements. Aristote vit au sein de la communauté spirituelle et scientifique formée par les platoniciens pour mener ensemble une vie de philosophe. Il s'y distingue par son intelligence et par sa soif de connaissances.

À la mort de Platon, en − 326, Aristote se porte candidat pour succéder à son maître à la tête de l'Académie. Mais le neveu de Platon lui est préféré. Sans doute par dépit, et sans doute également en raison de l'hostilité croissante des Athéniens envers les amis des Macédoniens, Aristote entame une période de voyages en Asie mineure, en compagnie de deux collègues et amis de l'Académie. Durant cette période, Aristote se livre à des études qu'on appellerait aujourd'hui « biologiques ». En − 343, Aristote gagne la cour du nouveau roi de Macédoine pour y devenir le précepteur du prince héritier, le futur Alexandre le Grand. Aristote entame alors l'écriture de l'*Éthique à Nicomaque* et de la *Politique*. Dans toute la Grèce, sa proximité avec Alexandre lui donne la réputation de soutien de l'impérialisme macédonien.

En − 335, âgé de quarante-neuf ans, Aristote revient à Athènes. Il jouit alors d'un prestige bien établi. Mais une nouvelle fois, il échoue à se faire désigner chef de l'Académie et prend le parti de fonder sa propre école, le Lycée. Il y enseigne en marchant sous une sorte de coursive circulaire (« *péripatos* » en grec ancien). C'est ce qui explique l'usage du terme de « péripatéticiens » pour désigner les membres du Lycée.

Pendant treize ans, Aristote poursuit l'écriture de ses ouvrages. Après la mort de sa première épouse, il se remarie et a un fils, Nicomaque, auquel est dédié l'*Éthique à Nicomaque*. Pourtant, le sentiment anti-macédonien croît à Athènes et s'étend jusqu'à lui.

Aristote est accusé d'impiété. Il décide de fuir la ville au moment où la nouvelle de la mort d'Alexandre parvient à Athènes, en − 323. Il se réfugie à Chalcis dans l'île d'Eubée et y meurt, un an plus tard, à l'âge de soixante-trois ans.

L'amitié des philosophes

Le philosophe de l'amitié ?

Pour de nombreux penseurs, Platon est un théoricien de l'amour et Aristote est un philosophe de l'amitié.

Les livres VIII et IX de l'*Éthique à Nicomaque* constituent en effet un véritable « traité de l'amitié ». Les thèses qu'y développe Aristote servent de référence pour les débats philosophiques sur l'amitié à travers les siècles.

Débat philosophique et discussion amicale

Aristote a l'ambition de constituer une véritable théorie de l'amitié. Mais il donne aussi un grand poids à son expérience personnelle de l'amitié. Ses relations avec son maître, Platon, et avec ses confrères de l'Académie sont déterminantes. Aristote se dit partagé entre son amitié pour les platoniciens et sa soif de vérité. S'il lui arrive d'écrire « nous autres, platoniciens[3]… », pour marquer son attachement à l'Académie, il n'en conteste pas moins des thèses majeures de Platon et notamment la théorie des Idées. Cette tension entre amitié et vérité se manifeste dans une déclaration célèbre :

> « *Ce sont des amis qui ont introduit la doctrine des Idées. […] Vérité et amitié nous sont chères l'une et l'autre, mais c'est pour nous un devoir sacré d'accorder la préférence à la vérité[1].* »

Le débat philosophique n'est pas toujours aisé entre amis !

---

1. *Éthique à Nicomaque*, livre I, chapitre 4, 1096 a 10.

Amitié personnelle et débat philosophique

Les relations entre Aristote et Platon sont un thème classique pour les artistes de la Renaissance. Elles sont mises en image par le peintre Raphaël dans la fresque *L'École d'Athènes*, réalisée en 1510 au Vatican. Les deux penseurs y sont figurés côte à côte en pleine discussion, dans des postures allégoriques de leurs philosophies respectives. Platon pointe le doigt vers le haut pour inviter son disciple à s'élever vers le ciel des Idées tandis qu'Aristote étend la main vers le bas pour souligner auprès de son maître l'intérêt des réalités sensibles. Cette fresque hautement symbolique manifeste la tension entre amitié et amour de la vérité.

Définir l'amitié, pour quoi faire ?

Pour définir l'amitié, Aristote combine trois méthodes : il analyse ce qu'on en dit habituellement, puis il identifie ses différentes causes et indique enfin ce qu'elle n'est pas.

Mon ami : mon double ou mon complémentaire ?

Aristote part d'un débat classique : l'amitié unit-elle des personnes semblables ou bien des individus différents et complémentaires ? Mais il critique immédiatement ce débat entre les partisans de l'amitié-identité et les avocats de l'amitié-complémentarité. Selon Aristote, la discussion est posée dans des termes qui :

> « …*ne sont pas appropriés à la présente étude*[1]. »

Pour connaître l'amitié, on ne peut pas se fier aux idées reçues. Il faut étudier les causes de l'amitié.

---

1. *Ibidem*, livre VIII, chapitre 2, 1151 b 5.

Les trois grands types d'amitié

Les êtres humains se lient d'amitié pour trois grandes raisons : l'utilité, le plaisir et le bien. Au fond, tous les types particuliers d'amitié se ramènent à l'une de ces trois causes :

> « *Il y a trois espèces d'amitié, autant qu'il y a de motifs d'amitié[1].* »

Cette classification permet de réduire à trois grandes formes d'affection les phénomènes variés que les Grecs désignent sous le terme d'amitié ou « *philia* ». En effet, l'amitié-*philia* désigne, en Grèce, un vaste ensemble de liens. Par exemple, l'amitié-*philia* est le lien entre les membres d'une famille, entre les concitoyens d'une cité, entre les associés d'une entreprise commerciale, entre les philosophes d'une même école ou encore entre les amoureux d'un couple.

L'amitié et l'amour

Pour achever la définition de l'amitié, Aristote distingue l'amitié des phénomènes qui lui ressemblent. Son principal objectif n'est pas de séparer amour et amitié. Pour Aristote comme pour les Grecs de l'époque, amour (*eros*) et amitié (*philia*) se recouvrent partiellement. L'amitié est un ensemble général dont les relations amoureuses sont des formes particulières.

Pour Aristote, l'essentiel n'est pas de tracer une frontière entre amour et amitié. L'important est de ne pas confondre les affections unilatérales avec des amitiés. Avoir de l'affection pour un animal n'est pas entretenir une amitié avec lui : il manque à cette relation la réciprocité et le fait de vouloir du bien à l'être aimé pour lui-même. Par exemple, l'affection du cavalier pour son cheval fétiche n'est ni payée de retour ni désintéressée.

L'amitié est, pour Aristote, une affection payée de retour dans laquelle chacun des amis a en vue le bien de son ami. Dernière

---

1. *Ibidem*, livre VIII, chapitre 3, 1156 a 10.

confusion à éviter : l'amitié n'est pas un simple sentiment. C'est une affection qui se manifeste par des actes.

Les amitiés sur les réseaux sociaux

L'amitié sur les réseaux sociaux de l'Internet constitue un cas limite. La bienveillance et l'affection sont bel et bien manifestées, notamment quand je donne à un autre utilisateur le statut d'« ami ». Mais il s'agit d'une affection à distance qui ne se traduit pas nécessairement en actes. Une amitié sans acte est-elle une amitié ?

Fort de ces analyses préliminaires, Aristote peut définir l'amitié :

> *« Pour être amis, il faut donc être bienveillants les uns envers les autres, et se vouloir ouvertement du bien pour l'une des raisons qu'on a indiquées[1]. »*

Mais pourquoi Aristote entreprend-il de définir l'amitié ? Son ambition n'est pas seulement théorique. Dans son esprit, une définition de l'amitié remplit des fonctions morales.

Toutes les amitiés ne se valent pas

Les amitiés imparfaites

Nous le savons d'expérience, nos amitiés personnelles sont différentes les unes des autres. Faut-il en conclure que chaque amitié a une nature incomparable et complètement singulière ? Pour Aristote, la diversité des amitiés n'empêche pas de donner une définition universelle de l'amitié. Il faut seulement compléter la définition de l'amitié par une typologie des amitiés. On l'a vu, l'amitié se dit en trois sens : amitiés utiles, amitiés plaisantes et

---

1. *Ibidem*, livre VIII, chapitre 2, 1156 a 5.

amitiés vertueuses. Les deux premières formes d'amitié sont des « amitiés par accident » :

> *« Ces amitiés sont des amitiés par accident. On y aime son ami non parce qu'il est ce qu'il est mais soit parce qu'il procure un bien soit parce qu'il donne du plaisir[1]. »*

Ne méprisons pas ces amitiés au motif qu'elles ne seraient pas authentiques. Elles sont bel et bien des amitiés – réciproques, bienveillantes, actives – même si elles ne sont pas des formes parfaites d'amitié. Par exemple, la solidarité au travail, la camaraderie politique et la cohésion d'une équipe sportive sont des amitiés à cultiver. Elles ont leur dignité propre.

Des échanges de bons procédés

Le fabuliste La Fontaine chante les amitiés fondées sur une solidarité d'intérêts et de plaisirs. Il met en scène deux solitaires malheureux dans la fable « L'ours et l'amateur de jardin[2] ». Tous deux dissipent leur ennui en devenant amis. L'un apporte à l'autre ce qui lui manque et réciproquement : la compagnie du jardinier pour l'ours, l'écoute de l'ours pour le jardinier.

L'amitié parfaite

Pour Aristote, l'amitié fondée sur la vertu est l'amitié parfaite. Ce type d'amitié est supérieur aux deux autres types d'amitié par toute une série de caractéristiques. L'amitié parfaite est une amitié en soi et non une amitié par accident. Autrement dit, les amis ne sont pas liés par des attributs superficiels, précaires ou passagers, comme le brio de la conversation ou l'habilité en affaires. Ils sont unis par ce qui constitue le fond de leur personnalité et de

---

1. *Ibidem*, livre VIII, chapitre 3, 1156 a 15.
2. La Fontaine, *Fables*, livre VIII, fable 11.

leur être : l'aspiration au bien et à la vertu. C'est ce qui assure une grande stabilité à l'amitié parfaite :

> *« Ceux qui veulent du bien à leurs amis pour leurs amis sont les amis par excellence car ils sont ainsi en eux-mêmes et non par accident[1]. »*

De plus, cette amitié repose sur une similitude entre amis :

> *« Parfaite est l'amitié qui règne entre les hommes de bien qui sont semblables par leur vertu[2]. »*

Entre amis ordinaires (associés en affaires et compagnons de plaisirs), les ressemblances sont superficielles. Au contraire, entre amis par excellence, la ressemblance initiale est fondamentale : tous deux aspirent au bien. Et la similitude des amis s'approfondit au fil du temps, par le mimétisme que crée l'action en commun. La ressemblance des amis est un résultat autant qu'un point de départ. C'est pourquoi les amitiés parfaites nécessitent du temps :

> *« La volonté d'être amis naît rapidement, mais non l'amitié[3]. »*

Pour une morale de l'amitié

Se perfectionner grâce à l'amitié

Pour Aristote, il n'y a pas à choisir entre amitiés imparfaites et amitiés parfaites. L'amitié parfaite englobe les amitiés imparfaites. Elle est parfaite au sens où elle est complète. Par exemple, les amis liés d'une amitié parfaite sont utiles l'un à l'autre, se donnent mutuellement du plaisir et s'aident à progresser. L'amitié parfaite est à la fois utile, agréable et bonne.

---

1. *Éthique à Nicomaque*, livre VIII, chapitre 4, 1556 b 10.
2. *Ibidem*, livre VIII, chapitre 4, 1156 b 6.
3. *Ibidem*, livre VIII, chapitre 4, 1156 b 30.

L'amitié parfaite donne aux amis les instruments de la progression personnelle. En agissant en commun, les amis renforcent les uns chez les autres les dispositions qui les portent vers les actes les meilleurs, les opinions les plus droites et les savoirs les plus exacts. Cultiver et renforcer ces dispositions excellentes, c'est précisément développer la vertu.

Grâce à l'imitation des amis vertueux, grâce à l'action avec eux et grâce à la réflexion en commun, l'ami développe des dispositions de plus en plus excellentes. Pour Aristote, le progrès moral est une dynamique collective et amicale :

> *« Vivre avec des hommes de bien exerce à la vertu*[1]*. »*

L'amitié est bien plus qu'un des « plaisirs de la vie ». C'est un instrument de perfectionnement personnel.

L'amitié est une condition du bonheur

L'amitié parfaite est une condition du bonheur précisément parce qu'elle permet le perfectionnement moral :

> *« L'homme heureux a besoin d'amis de valeur*[2]*. »*

Cette phrase peut paraître frappée au coin du bon sens. Qui imaginerait un solitaire, comme Robinson Crusoë, heureux ? Elle prend pourtant le contre-pied de deux thèses majeures. Il ne s'agit pas, pour Aristote, de considérer l'amitié comme un ingrédient du bonheur. Le bonheur n'est pas un bouquet de fleurs qu'on compose de différents éléments : la félicité conjugale, le succès professionnel, la chance en amitié, etc. Le bonheur est une activité pour laquelle l'amitié est une condition *sine qua non*.

En liant amitié vertueuse et bonheur, Aristote récuse l'idée qu'il faut soit chercher à être heureux, soit chercher à être vertueux. Se rendre vertueux, c'est directement s'approcher du bonheur. Le bonheur n'est rien d'autre que l'accomplissement,

---

1. *Éthique à Nicomaque*, livre IX, chapitre 9, 1162 b 30.
2. *Ibidem*, livre IX, chapitre 9, 1170 b 15.

l'« actualisation », écrit Aristote, de nos capacités et de nos dispositions les meilleures :

> *« Le bonheur est une certaine activité de l'âme en accord avec une vertu parfaite[1]. »*

En attribuant des amis à l'homme heureux, Aristote refuse également l'idée que la félicité est l'autarcie. Le sage solitaire n'est pas heureux. Ou il n'est plus vraiment humain et a accédé à un bonheur surhumain. Pour être pleinement heureux, l'homme ne peut pas être seul. Il a besoin d'amis qui lui donnent du plaisir, lui rendent service et l'entraînent à la vertu. Le perfectionnement moral et l'accès au bonheur ne sont pas des efforts solitaires même s'ils sont des actions profondément personnelles. En effet, la compagnie des amis me pousse à réaliser mes capacités :

> *« La vie d'un solitaire est pénible. Il n'est en effet pas aisé à un homme seul d'être en acte de façon continue. Il est plus facile d'être en acte de façon continue quand on agit avec ou pour d'autres personnes[2]. »*

La vie heureuse, c'est la vie accomplie, la vie excellente, autrement dit la vie vertueuse. Ces termes sont identiques pour Aristote. Et c'est précisément parce qu'elle développe en nous la vertu que l'amitié concourt à notre bonheur. Rien ne serait plus faux que de considérer l'amitié comme un condiment qui pimenterait notre vie et la rendrait heureuse uniquement par les petits plaisirs qu'elle comporte : compagnie, voyage, réconfort, compréhension, épanchements sincères, etc. Certes, l'amitié comprend tous ces plaisirs. Mais le principal titre de l'amitié pour contribuer au bonheur, c'est qu'elle favorise et développe la vertu dans chacun des amis.

---

1. *Ibidem*, livre I, chapitre 13, 1102 a 5.
2. *Ibidem*, livre IX, chapitre 9, 1162 b 20.

Questions concrètes sur l'amitié

L'amitié parfaite n'est pas la seule amitié possible. Mais elle sert de modèle pour trancher des questions très concrètes sur l'amitié.

Première question terre à terre : peut-on et doit-on avoir de nombreux amis ? La réponse diffère selon les types d'amitié. Les amitiés ordinaires peuvent nous lier à de nombreuses personnes : parents, confrères, coéquipiers, etc. L'amitié parfaite, quant à elle, ne lie que peu de personnes car la vertu n'est pas courante :

> *« De telles amitiés sont vraisemblablement rares. En effet, de tels hommes sont eux aussi fort rares*[1]. *»*

Deuxième question concrète : l'amitié est-elle possible entre personnes inégales ? Réponse d'Aristote : l'amitié parfaite n'unit que des hommes rendus égaux par leur volonté d'amélioration éthique. Mais quand il s'agit des amitiés inférieures, l'inégalité est assurément un obstacle. Par exemple, l'inégalité entre un chanteur couronné de succès et un musicien amateur est trop grande pour qu'ils soient réunis par le plaisir de faire de la musique ensemble. Toutefois, Aristote expose les conditions dans lesquelles l'amitié peut subsister malgré certaines inégalités : il faut rééquilibrer les relations affectives entre amis inégaux de telle sorte qu'elles soient moins inégales[2] :

> *« Dans toutes les amitiés qui comportent une relation de supériorité, l'affection doit être proportionnée. Par exemple, celui des deux amis dont la valeur est la plus grande doit recevoir plus d'amitié qu'il n'en donne*[3]. *»*

---

1. *Ibidem*, livre VIII, chapitre 4, 1156 b 20
2. *Ibidem*, livre VIII, chapitre 8 et 9, 1158 b 10-1159 b 12.
3. *Ibidem*, livre VIII, chapitre 8, 1158 b 20.

L'amitié est-elle un principe politique ?

Les relations entre amitié et inégalité ont des conséquences sur la politique d'Aristote. L'amitié n'est pas seulement un affect personnel. C'est aussi un enjeu collectif.

Montrer que certaines inégalités sont justes et élaborer des mécanismes de rétablissement de l'égalité, tout cela est l'affaire de la justice. Pour Aristote, la justice est une vertu qui consiste à proportionner les biens et les maux aux mérites des personnes auxquelles ils sont attribués. Il faut donner au méritant plus qu'au non-méritant. Trouver des clés de répartition, instaurer des mécanismes correcteurs des inégalités, répartir équitablement les fardeaux et les bienfaits, tout cela est indispensable pour préserver l'amitié.

Dans ce débat sur amitié et inégalité, il faut, encore une fois, distinguer entre amitié parfaite et amitié inférieure. Dans l'amitié parfaite, l'égalité entre amis est première et est garantie par la vertu de chacun des amis. La justice va de soi. En revanche, dans les amitiés imparfaites car non fondées sur la vertu, l'exercice de la justice est aussi indispensable qu'il est difficile. Par exemple, souvent, des différends s'élèvent en effet entre associés réunis par l'intérêt, entre amants unis dans la recherche du plaisir ou entre concitoyens rassemblés par la survie de la communauté. La justice est alors nécessaire.

C'est autour de cette idée qu'Aristote organise sa théorie de la cohésion amicale de la cité. Pour préserver la communauté politique, la justice ne suffit pas. Une amitié entre concitoyens est indispensable. Elle seule peut éviter la scission de la cité en communautés divergentes et potentiellement hostiles les unes aux autres.

De l'amitié civique à la fraternité républicaine

Aux termes de l'article 2 de la Constitution française actuellement en vigueur, « la devise de la République est "Liberté, Égalité, Fraternité" ». La protection des droits fondamentaux exigée par les deux premiers termes de la devise est une garantie de justice. Mais la présence d'un troisième terme, la fraternité, indique que la justice ne suffit pas à maintenir l'unité d'un peuple. Une solidarité, une cohésion, une convergence ou une harmonie, tels sont les horizons tracés par la fraternité. Elle se rapproche à cet égard de la politique aristotélicienne.

L'amitié véritable a une relation différente avec la justice. Elle l'englobe nécessairement mais la dépasse. Entre amis vertueux, la juste répartition des bienfaits et des maux est assurée non seulement par leur égalité initiale mais aussi par leur souci du bien de l'autre. Comte-Sponville écrit ainsi que l'amitié parfaite :

> *« ... ne va pas sans une certaine forme d'égalité, qui la précède ou qu'elle instaure. Qu'elle vaut mieux que la justice, et l'inclut, qu'elle est à la fois sa plus haute expression et son dépassement[1]. »*

Parce qu'elle englobe le principe de justice et parce qu'elle permet la cohésion des citoyens, l'amitié peut aussi être un idéal politique. L'amitié est la condition du bonheur personnel mais aussi du bien-être collectif.

Amis au-delà de l'égoïsme et de l'altruisme

Égoïsme ou altruisme : un faux débat

Pour certains penseurs, l'amitié doit être explicitement assumée comme une affection égoïste. Pour d'autres, l'amitié meurt de l'égoïsme. Aristote montre que cette alternative est artificielle. C'est un faux débat. Dans l'amitié parfaite, les notions d'égoïsme et d'altruisme perdent leur signification.

L'amitié parfaite est avant tout une affection pour autrui qui vise les intérêts d'autrui. L'amitié paraît altruiste. Ne peut-on

---

1. André Comte-Sponville, *Petit Traité des grandes vertus*, édition citée, p. 366.

pourtant déceler, à la source de cette affection, un souci égoïste de son propre bien sous la forme d'un perfectionnement moral ? Comment avoir une amitié désintéressée si elle vise à atteindre au bien suprême à travers l'ami philosophe ?

Pour résoudre le problème, Aristote soutient une thèse qui peut paraître étonnante : s'aimer soi-même est la condition pour aimer ses amis d'une amitié parfaite.

S'aimer soi-même, une condition pour avoir des amis

Pour démontrer cette thèse paradoxale, Aristote passe par trois étapes. D'abord, il rappelle quatre caractéristiques distinctives de l'amitié parfaite. Ensuite il montre que les rapports de l'homme vertueux avec lui-même ont toutes les caractéristiques de l'amitié parfaite, autrement dit, l'homme vertueux est ami de lui-même d'une amitié parfaite. Enfin, Aristote montre que les hommes médiocres, mauvais ou vicieux n'ont pas d'amitié pour eux-mêmes.

L'amitié parfaite a quatre caractéristiques essentielles. Être l'ami d'une personne, c'est faire du bien à cette personne pour cette personne elle-même. De plus, être l'ami d'une personne, c'est vouloir que cette personne vive. Ensuite, être l'ami d'une personne, c'est vouloir partager avec elle son temps, ses actions et ses réflexions, en un mot c'est vouloir vivre avec elle. Enfin, être l'ami d'une personne, c'est avoir les mêmes peines, les mêmes joies et les mêmes préférences que cette personne.

Les rapports qu'un honnête homme entretient avec lui-même ont ces quatre caractéristiques de l'amitié parfaite envers autrui :

> « *Chacune de ces caractéristiques appartient à l'homme honnête dans ses rapports avec lui-même*[1]. »

L'amitié parfaite du vertueux pour lui-même

L'homme de bien se fait du bien à lui-même pour lui-même et non pas pour un autre. Il entretient son corps et ses facultés

---

1. *Ibidem*, livre IX, chapitre 4, 1166 a 10.

intellectuelles pour lui-même. Il ne se fait pas du bien au nom d'un principe extérieur à lui-même.

Par exemple, il n'acquiert pas des connaissances pour cultiver les dons que lui aurait octroyés Dieu. Autre exemple, il ne se maintient pas en bonne forme physique pour mieux défendre sa patrie. Il développe ses capacités physiques et intellectuelles pour se perfectionner lui-même. Il ne poursuit pas d'autre objectif que son amélioration personnelle.

De plus, l'homme de bien veut vivre car il se sait homme de valeur. L'homme de bien veut, en outre, vivre avec lui-même. Cette expression peut paraître étrange. Ne vit-on pas toujours avec soi-même par définition ? Aristote a en vue ici, par contraste, ceux qui se fuient eux-mêmes dans une vie sociale surchargée.

L'homme de bien a les mêmes peines, les mêmes joies et les mêmes préférences que lui-même. Il ne s'agit pas d'une tautologie. Cela signifie que l'homme de bien n'est pas en proie à des conflits intérieurs. En somme, l'homme de bien a une amitié parfaite pour lui-même. Elle s'exprime par le fait qu'il peut supporter de rester seul face à lui-même, et qu'il affectionne les souvenirs de ce qu'il a fait ainsi que les projets qu'il forme :

> « *Souvenirs et espoirs sont des sources de plaisir. Sa pensée a nombre d'objets à contempler*[1]. »

Les vicieux, ennemis d'eux-mêmes

A contrario, les personnes qui n'ont pas d'amitié pour elles-mêmes n'en ont pas non plus pour les autres. Tel est le cas du vicieux : il ne se veut ni ne se fait du bien à lui-même. Il fait ce qui lui donne du plaisir mais qui lui est en même temps nocif et qu'il sait être tel. Il se veut si peu de bien qu'il veut même sa propre mort lorsqu'il a commis des actes atroces. Il ne veut pas véritablement vivre avec lui-même :

> « *Les hommes de peu cherchent des personnes avec qui passer leurs journées et se fuient eux-mêmes*[2]. »

---

1. *Ibidem*, livre IX, chapitre 4, 1166 a 20.
2. *Ibidem*, livre IX, chapitre 4, 1166 b 1.

Enfin, l'homme mauvais n'a ni les mêmes peines, ni les mêmes joies, ni les mêmes préférences que lui-même. Cette formule peut paraître incompréhensible. Mais, pour Aristote, l'homme mauvais est déchiré entre ce qu'il sait être bon et ce qu'il désire. Il peut donc être en désaccord avec lui-même sur ce qui est préférable. L'homme mauvais cherche par exemple à concentrer tous les pouvoirs dans son entreprise même s'il sait que c'est injuste pour les compétences de ses collègues et inefficace pour le fonctionnement de la structure.

En un mot, l'homme mauvais n'a pas d'amitié pour lui-même. Or l'amitié envers les autres dérive de cette amitié envers soi-même. Il n'a donc pas d'amitié pour les autres. Le vicieux est sans amis parce qu'il est son propre ennemi.

L'amitié parfaite, un égoïsme raffiné ?

Les deux égoïsmes

Si l'amitié qu'on a pour autrui dérive de l'amitié qu'on a pour soi-même, faut-il s'aimer soi-même d'abord et avant tout ? Est-ce à dire qu'on aime son ami ensuite et de façon secondaire ? Mais est-ce encore de l'amitié ? Aristote pose ainsi le dilemme :

> *« Faut-il s'aimer soi-même plus que n'importe quel autre[1] ? »*

Quand il affirme que l'amitié pour soi-même est première, Aristote risque de contredire sa propre définition de l'amitié. En effet, l'amitié véritable consiste à vouloir et à faire du bien à une personne non dans son propre intérêt mais dans l'intérêt de la personne elle-même. Or si l'amitié pour soi-même est première, elle risque d'éclipser l'amitié pour les autres. Aristote ne va-t-il pas trop loin dans le paradoxe ? Ne défend-il pas un égoisme raffiné dans l'amitié parfaite ? L'amitié parfaite permettrait

---

1. *Ibidem*, livre IX, chapitre 8, 1168 a 25.

de rechercher son propre bien moral grâce aux amis sous des apparences vertueuses et altruistes.

La solution d'Aristote est de distinguer deux égoïsmes : celui de l'homme commun et celui de l'homme de bien. Le deuxième fait éclater l'opposition entre égoïsme et altruisme.

L'homme du commun et l'homme de bien

Selon Aristote, l'homme du commun a une conception étroite de l'intérêt personnel et donc de l'amitié envers soi-même. Pour lui, l'intérêt personnel consiste seulement en l'acquisition de biens matériels ou de plaisirs. Pour ce type de personne, s'aimer soi-même, c'est se réserver des biens matériels et ne pas en donner aux autres. Inversement, aimer de façon altruiste, c'est renoncer à des biens matériels pour que ses propres amis en bénéficient. La conception habituelle de l'amitié envers soi-même ou de l'égoïsme est partiellement vraie. Elle est vraie pour les hommes ordinaires. En ce qui les concerne, l'amitié envers soi-même exclut l'amitié envers les autres :

> « *C'est pourquoi le terme d'égoïste a pris ce sens : il tire sa signification du type d'homme le plus répandu et le plus vil*[1]. »

Mais la conception courante de l'égoïsme et de l'amitié envers soi-même est fausse pour les hommes de bien. Dans ce domaine, l'amitié envers soi-même est la condition de l'amitié envers les autres :

> « *Mais si un homme s'efforce toujours et avant toutes choses d'accomplir lui-même des actions justes, sages ou conformes à toute autre vertu, et s'il se réserve toujours ce qui est noble, personne ne le blâmera ni ne le traitera d'égoïste*[2]. »

---

1. *Ibidem*, livre IX, chapitre 8, 1168 b 5.
2. *Ibidem*, livre IX, chapitre 8, 1168 b 10.

En somme, les hommes ordinaires ont une conception étroite du bien et donc de l'égoïsme ainsi que de l'altruisme. C'est pour cette raison qu'ils considèrent la thèse d'Aristote comme un paradoxe et comme un scandale. L'amour que se porte légitimement à lui-même l'homme de bien est tout différent :

> *« Cet égoïste-là diffère de l'égoïste de l'autre espèce autant que vivre conformément à la raison est différent de vivre conformément aux affects[1]. »*

Ni égoïste ni altruiste ?

Aux yeux du vulgaire, l'homme de bien est un être paradoxal. Si on observe ses actes et ses paroles, il est prêt à tous les sacrifices pour le bien de ses amis. En un mot il est altruiste. Mais si l'on scrute les motifs de sa conduite, on se rend compte qu'il se réserve tout ce qui peut être noble et louable. Par exemple :

> *« L'honnête homme prodiguera son argent autant que nécessaire pour que ses amis obtiennent un surcroît d'avantages. Ses amis en tireront de l'argent mais lui y gagnera de l'illustration. Il s'attribue donc le meilleur des deux biens[2]. »*

L'homme de bien peut sembler suprêmement égoïste sous des dehors altruistes.

La clémence d'Auguste

Dans la pièce de théâtre *Cinna* (1639), Corneille donne à voir cette vertu qui dépasse égoïsme et altruisme dans les relations amicales. Cinna complote contre son meilleur ami, l'empereur Auguste, pour rétablir la République et s'attirer les bonnes grâces de son amante. Auguste découvre cette trahison mais gracie son ami Cinna plutôt que de le punir. Est-ce par altruisme pour

---

1. *Ibidem*, livre IX, chapitre 8, 1169 a 20.
2. *Ibidem*, livre IX, chapitre 8, 1169 b 10.

son ami et pour le peuple romain ? Est-ce par égoïsme
pour y gagner la gloire ?

Le propos d'Aristote n'est pas de débusquer la vanité et l'orgueil
derrière les apparences de la vertu. Pour lui, l'amitié que l'homme
de bien se porte à lui-même est bonne en elle-même.

En effet, l'amitié que l'homme de bien a pour lui-même est
bonne d'abord parce qu'elle n'a pas le même objet que l'amitié de
l'homme vil pour lui-même. Ce que l'homme de bien aime en lui-
même, c'est sa faculté la plus haute. Tout ce qu'il fait et qu'on peut
qualifier à la fois d'altruiste et d'égoïste est destiné à développer sa
vertu, qui voit et veut le bien.

En outre, l'amitié que l'homme de bien se porte à lui-même
est bonne en raison de ce qu'il considère comme un bien : les
actions nobles. Son affection pour lui-même et son affection
pour les autres ne peuvent donc pas entrer en concurrence.
En effet, toutes les actions nobles qu'il réalise lui-même
incitent ses amis à accomplir des actions nobles à leur tour.
En atteignant ces biens, il n'en prive pas les autres mais
les multiplie au contraire. Et, au cas où il se trouverait en
concurrence avec un ami pour réaliser une belle action, même
s'il cède cette belle action à son ami, il réalise par là même une
plus belle action encore.

Chez les hommes de bien, l'amitié envers soi-même et l'amitié
envers les autres ne sont pas rivales parce que les biens qu'elles
visent ne sont pas détruits par le fait même de les atteindre.

Du point de vue de l'homme vulgaire et de la moralité ordinaire,
l'homme de bien est inclassable. Il n'est ni égoïste ni altruiste.
C'est qu'il vit une amitié où ces notions n'ont plus de contours
fermes. Vouloir le bien de son ami est toujours vouloir le sien
propre. Et s'aimer soi-même concourt au bien de son ami.
Égoïsme et altruisme ne sont plus exclusifs l'un de l'autre. À vrai
dire, leur opposition est artificielle dans les amitiés parfaites.

Pour finir...

Aristote est le premier à construire une véritable philosophie de l'amitié à la fois complète et concrète. Il introduit dans les débats philosophiques la notion d'amitié parfaite. Grâce à elle, il propose des solutions aux difficultés pratiques et aux questions théoriques sur l'amitié. Les amis d'une amitié parfaite sont au-delà des oppositions entre affections privées et solidarités publiques, entre sentiment et action, entre affection véritable et sociabilité superficielle, entre morale et bonheur ou encore entre égoïsme et altruisme.

Avec Aristote, l'amitié entre définitivement en philosophie. Mieux, elle est érigée en modèle de vie.

3/ Épicure :
les délices de l'amitié

Pour commencer...

Quel contraste entre la vie d'Épicure et sa réputation !
Épicure passe pour un jouisseur mais mène une vie frugale. Il a des ennemis acharnés mais vit entouré d'amis admiratifs :

> *« La vie d'Épicure, comparée à la vie des autres hommes, pourrait être considérée, en raison de sa douceur et de sa suffisance à soi, comme une fable[1]. »*

Entre la légende et la réalité, faisons la part des choses !
Épicure naît en − 342 avant notre ère dans une famille de colons athéniens installés à Samos, une île grecque proche de la Turquie actuelle. Élevé loin des élites intellectuelles et politiques, Épicure a la jeunesse ordinaire d'un provincial de condition moyenne. Il rejoint Athènes à l'âge de dix-huit ans pour y faire son service militaire.

À la fin de celui-ci, Épicure connaît une certaine solitude. Les biens de sa famille ont été confisqués par les habitants de Samos en révolte contre Athènes. Épicure est contraint à l'exil. Il erre de ville en ville, se tourne vers la philosophie et crée une école près de l'actuelle Istanbul. L'isolement se dissipe peu à peu. Épicure rassemble ses élèves dans de petites structures dédiées à la vie et à l'étude en commun. C'est le début des écoles épicuriennes.

Auréolé d'une réputation qui va croissant, Épicure revient à Athènes pour y fonder une école. Dans ce but, il acquiert un jardin à l'extérieur des remparts de la ville. Son « école du jardin » regroupe des savants réputés. Elle rassemble également des femmes et des esclaves, ce qui suscite bien des critiques. Le cercle des amis et des disciples d'Épicure s'élargit constamment. Jusqu'à sa mort, en − 270 avant notre ère, le « philosophe du jardin » écrit de nombreux traités et crée des écoles à travers tout le bassin méditerranéen. Il anime ce réseau d'amis grâce à ses lettres.

---

1. Sentence 36, *in* Épicure, *Lettres, maximes, sentences*, traduction Jean-François Balaudé, Le livre de poche, Paris, 1994.

**Les lettres d'Épicure, témoignages d'amitié
et messages philosophiques**

Les lettres d'Épicure sont de véritables textes philosophiques. Elles sont conçues comme des aide-mémoire et sont adressées à Hérodote, Pythoclès et Ménécée, des chefs d'écoles du réseau épicurien. Elles résument les thèses principales de la philosophie épicurienne et servent aussi à maintenir les liens d'amitié entre le maître et ses disciples.

Après la mort d'Épicure, sa pensée se diffuse largement, tout particulièrement à Rome, au premier siècle avant notre ère, où le poète Lucrèce détaille les théories épicuriennes dans un long poème en latin : *De la nature des choses*. De l'Antiquité jusqu'à aujourd'hui, des penseurs célèbres, comme Voltaire et Diderot ou encore Comte-Sponville et Onfray, soulignent la puissance libératrice de la pensée d'Épicure. Est-ce le signe que les amitiés épicuriennes pourraient défier les siècles ?

Plaisirs de la vie et plaisirs de l'amitié

Épicure donne au plaisir une place centrale : pas de bonheur sans plaisir. Il porte également l'amitié aux nues : pas de bonheur sans amitié. Examinons donc l'amitié sous l'angle du plaisir car c'est le seul qui vaille pour Épicure.

Quête du plaisir et recherche de l'amitié ne font pas nécessairement bon ménage. L'amitié n'est pas forcément une source de plaisir. Certains amis peuvent nous blesser profondément. Inversement, rechercher le plaisir n'est pas nécessairement propice à l'amitié. Par exemple, doit-on rompre avec un ami malheureux parce que sa fréquentation cause moins de plaisir ?

Du plaisir vers le bonheur

Pour Épicure, le plaisir est au centre de la vie. Aller vers le plaisir et éviter les douleurs, voilà le début du bonheur :

> *« Le plaisir est le principe et la fin de la vie bienheureuse. Car c'est le plaisir que nous avons reconnu comme le bien premier et congénital et c'est à partir de lui que nous commençons à choisir et à refuser[1]. »*

Tous les êtres humains disposent d'une boussole évidente pour choisir leur cap dans l'existence : le plaisir. Il donne des indications solides sur ce qu'il faut penser, faire et préférer. Fondamentalement, l'épicurisme est un *hédonisme* : le plaisir est le bien fondamental.

L'épicurisme est un hédonisme et un eudémonisme

L'*hédonisme* attribue une valeur primordiale au plaisir (*hédonè* en grec ancien). L'*eudémonisme* est le courant de pensée pour lequel le bonheur (*eudaimonia* en grec ancien) est le but de la vie humaine. Épicure est à la fois un hédoniste et un eudémoniste : une vie de plaisirs et une vie heureuse, c'est une seule et même chose.

Briser les entraves au plaisir

Épicure veut nous permettre d'accéder au plaisir. Quatre obstacles nous empêchent de mener une vie heureuse. Il faut lever ces entraves et guérir les hommes de la souffrance. Toute la philosophie d'Épicure tient dans ce « quadruple remède » :

> *« Il n'y a rien à craindre des dieux. Il n'y a rien à craindre de la mort. On peut atteindre le bonheur. On peut supporter la douleur. »*

Ne croyons pas que les dieux interviennent dans notre existence. Pour atteindre la félicité, il n'est pas besoin d'obéir

---

1. *Lettre à Ménécée*, § 129, p. 194-195.

à de prétendues lois divines. Les dieux existent, sans doute. Mais ils ne se mêlent pas de nos affaires. Par exemple, aucun dieu ne me punira pour avoir mangé tel aliment ou pour être ami avec une personne d'une autre religion. Pour accéder au plaisir, débarrassons-nous aussi de la peur de la mort. Elle paralyse en nous l'aspiration au bonheur. Cette paralysie est aussi répandue qu'absurde car la mort ne nous est rien : elle est privation de sensation. Le troisième volet du quadruple remède est capital : les hommes peuvent être heureux. Contre les esprits chagrins, Épicure affirme que le bonheur n'est pas un idéal inaccessible. Le bonheur est à portée de main. Il est dans les plaisirs. Et notamment dans les plaisirs de l'amitié. Enfin, il ne sert à rien d'invoquer contre la possibilité du bonheur l'omniprésence de la souffrance. Certes, la vie est douloureuse. Mais une goutte de souffrance n'altère pas le goût d'une vie de bonheur. Les déceptions d'une amitié n'éclipsent pas les plaisirs de l'amitié.

Loin du fanatisme du plaisir

Les épicuriens sont souvent présentés comme des ivrognes, des gloutons ou des obsédés sexuels. Ils seraient des « pourceaux d'Épicure » selon l'expression que Molière prête à Sganarelle, le valet de Dom Juan, pour désigner son maître. En matière d'amitié, seule la recherche de la jouissance serait leur guide. Ce portrait est une caricature. L'idéal épicurien est loin d'un bonheur jouisseur et effréné :

> *« Ce ne sont pas les banquets et les fêtes ininterrompues, ni les jouissances que l'on trouve avec les garçons et les femmes, pas plus que les poissons et toutes les autres nourritures que porte une table profuse, qui engendrent la vie de plaisir, mais le raisonnement sobre[1]. »*

Il y a loin entre la réalité et la caricature de l'épicurisme.

---

1. *Lettre à Ménécée*, § 132, p. 196.

Des plaisirs fort simples

Selon Comte-Sponville, la philosophie d'Épicure atteint un de ses sommets dans la classification des désirs. Certains désirs doivent être satisfaits et d'autres combattus: « Quoi de plus simple que d'étancher une soif? Quoi de plus facile à satisfaire – sauf misère extrême – qu'un ventre ou qu'un sexe? Quoi de plus limité, et de plus heureusement limité, que nos désirs naturels et nécessaires[1]? »

Le premier but de l'épicurien véritable n'est pas de jouir, mais d'éviter le contraire du plaisir, c'est-à-dire la peine. L'absence de trouble ou « ataraxie » est le but premier de l'épicurien:

> « *Mais l'ataraxie consiste à être affranchi de tous ces troubles[2].* »

Épicure nous recommande une attitude raisonnée vis-à-vis des désirs. Ne cherchons pas la satisfaction de tous les désirs. Celle-ci peut aussi être une source de souffrance. Les « bons vivants » le savent bien: ils sont menacés d'indigestion. Avant de se jeter dans le plaisir, il faut analyser les conséquences de la satisfaction d'un désir. Par exemple, est-ce une bonne idée que de devenir l'ami du *dealer* du quartier? Certes, j'aurais la paix avec des voyous du voisinage. Mais quelles en seront les conséquences? Sans doute beaucoup de déplaisirs.

Carpe diem, un mot d'ordre épicurien?

On dit souvent que l'épicurien se hâte de satisfaire ses désirs avant l'arrivée de la mort. Des vers de Ronsard passent pour la maxime de l'épicurisme: « Vivez, si m'en croyez, n'attendez à demain / Cueillez dès aujourd'hui les roses de la vie[3]. » L'épicurisme au sens courant

---

1. André Comte-Sponville, *Petit Traité des grandes vertus*, édition citée, p. 62.
2. *Lettre à Hérodote*, § 81, p. 173.
3. Ronsard, *Sonnets pour Hélène*, livre II, sonnet XLII.

est bien différent de l'épicurisme philosophique. Le philosophe épicurien conseille au contraire de ne pas se hâter de satisfaire ses désirs pour bien réfléchir à ceux qu'il faut satisfaire.

La solitude du jouisseur de fond

Le contraste entre réputation et réalité de l'épicurisme met en évidence la difficulté à concilier quête du plaisir et recherche de l'amitié. Si le but de ma vie est de connaître le plus de plaisirs possible, j'aurai du mal à me faire des amis. En effet, je ferai toujours passer mon plaisir personnel devant celui de mes amis. Qui donc accepterait de rester mon ami dans ces conditions ?

Un footballeur épicurien ?

Au football, d'où vient le plaisir ? De marquer seul dans un duel avec le gardien de but ? Ou bien de contribuer à une tactique collective réussie ? Si « je joue perso » à la recherche d'un plaisir solitaire, tout esprit d'équipe disparaît. Le plaisir d'un seul empêche qu'il y ait plaisir footballistique. Un footballeur authentiquement épicurien recherche le plaisir d'un sport d'équipe.

Épicure refuse la quête frénétique du plaisir parce qu'elle est une source de peines. Et la première de ces souffrances est l'absence d'amitié.

L'amitié, un ingrédient du bonheur

L'amitié, source directe de plaisir

Épicure loue l'amitié pour une raison toute simple : l'amitié donne du plaisir. C'est une donnée évidente. Nous avons du plaisir à avoir des amis. Nous prenons du plaisir à la compagnie de nos amis. *A contrario*, l'absence d'amitié et l'éloignement de nos amis nous causent de la peine.

Seul au monde : l'enfer

Dans le film *Seul au monde* (*Cast Away*, 2000) , de quoi souffre le naufragé incarné par Tom Hanks ? Du froid et de la faim assurément. Mais il souffre surtout de l'absence de ses amis et, plus profondément, de l'absence d'amis. Quelle souffrance que la vie sans amis !

C'est parce que l'amitié est une source de plaisir qu'elle suscite en nous un élan inné :

> *« Très belle aussi est la vue des proches, quand la parenté première conduit à la concorde : vers elle cette vue produit le plus grand élan[1]. »*

La sérénité de l'amitié

L'amitié donne du plaisir parce qu'elle permet également d'éviter des peines. L'amitié a cette vertu, aux yeux d'Épicure, de fournir une certaine sécurité dans la jouissance. Elle est une condition de l'absence de troubles car elle dissipe l'inquiétude :

> *« Nous n'avons pas tant à nous servir des services que nous rendent nos amis, que de l'assurance que nous avons de ces services[2]. »*

Mes amis dissipent mes angoisses. Je sais que je peux compter sur eux dans les moments difficiles. Si je connais le chômage, je sais qu'ils chercheront un nouvel emploi pour moi. Entre-temps, ils m'aideront de leurs conseils, de leur affection et de leur argent s'ils le peuvent. La solitude est vulnérabilité et angoisse. L'amitié est réconfort et sérénité.

L'amitié des gangsters

Les récits sur la mafia ont souvent un versant négatif et un versant positif. Le film *Le Parrain* (1972) de Francis

---

1. Sentence 61.
2. Sentence 34, maximes 28 et 40.

Ford Coppola illustre ce point. Côté obscur, les mafieux sont constamment en conflit violent avec la société, avec les forces de l'ordre et avec les bandes rivales. Côté solaire, les gangsters sont solidaires : enfants d'immigrés italiens isolés et méprisés, ils forment une communauté d'entraide soudée.

Plaisirs à diffusion lente

Les caractéristiques des plaisirs de l'amitié répondent particulièrement bien aux exigences du bonheur épicurien. On ne peut pas « se goinfrer » d'amitié. Pour connaître les joies véritables de l'amitié, il faut prendre son temps :

> *« Il ne faut approuver ni ceux qui s'empressent à l'amitié ni ceux qui tardent ; mais il faut se risquer à accorder sa faveur, en faveur de l'amitié[1]. »*

Le plaisir d'amitié n'est pas une jouissance instantanée, effrénée et débridée. Il s'agit d'une affection qui se contracte lentement et diffuse graduellement ses bienfaits. En amitié aussi, les épicuriens recommandent une approche calculée des plaisirs. Il faut parfois être lent pour ne pas gâcher une amitié ou pour éviter de la placer à mauvais escient.

Le sage, lui aussi, a besoin d'amis

Parce qu'elle donne des plaisirs et parce qu'elle évite des peines, l'amitié est indispensable pour composer le bouquet de plaisirs que constitue le bonheur. Le sage épicurien, en bon spécialiste du bonheur, accorde une place de choix à l'amitié dans sa vie :

> *« Parmi les choses dont la sagesse se munit en vue de la félicité de la vie tout entière, de beaucoup la plus importante est la possession de l'amitié[2]. »*

---

1. Sentence 28.
2. Maxime 27 et sentence 13.

Épicure refuse l'idée d'un ascète perdu dans une contemplation individuelle. Le sage épicurien n'est sûrement pas un solitaire.

Amitiés privées et amitiés publiques

Le sage épicurien a nécessairement des amis. Pour autant, cherche-t-il à être inséré dans les réseaux sociaux? Pourquoi ne pas avoir le plus d'amis possible afin d'avoir le plus de plaisir possible?

Des millions d'amis grâce aux réseaux sociaux?

Dans le film qui lui est consacré, *The Social Network* (2010), Mark Zuckerberg, le créateur de Facebook, est présenté comme ayant peu d'amis et cherchant à se faire de nombreux amis en inventant un réseau social. Agit-il en épicurien de l'amitié? Pour un épicurien, les plaisirs fournis par l'amitié ne peuvent être substantiels s'ils sont éparpillés. L'amitié épicurienne peut se dilater aux dimensions d'une petite communauté de vie et d'étude. Mais elle ne peut pas se diffuser au-delà sans engendrer des déceptions et donc des peines. Pourrais-je compter sur tous mes amis Facebook pour me dépanner en cas de pépin de santé?

L'image la plus fidèle de l'amitié épicurienne est sans doute donnée par la vie d'Épicure elle-même. Les centres épicuriens n'étaient pas comme les grandes universités modernes. Quelques dizaines d'individus y étudiaient et y vivaient ensemble.

Le Candide de Voltaire et le jardin d'Épicure

Dans son conte philosophique *Candide* (1759), Voltaire met en scène l'opposition entre la valse des plaisirs et la limitation de l'idéal épicurien. Son héros, Candide, a couru le monde à la recherche des plaisirs: amour, gloire, richesse, connaissance, influence politique, etc. À la fin de son périple, Candide se trouve désenchanté et dans une certaine gêne matérielle. Mais il vit entouré de quelques proches. Pour Voltaire, c'est l'incarnation de l'idéal de vie épicurien, une satisfaction limitée au sein d'une petite communauté. Il conclut son conte sur une phrase emblématique pour l'épicurisme : *« Cela est bien dit, répondit Candide, mais il faut cultiver notre jardin*[1]. *»*

L'amitié est un contrat

La conception épicurienne de l'amitié peut sembler intéressée. Chercher à nouer des amitiés parce qu'elles procurent du plaisir est bel et bon. Mais abandonner ses amis parce qu'ils ne sont plus aussi plaisants qu'avant, est-ce d'un ami véritable ?

Des amitiés très intéressées

Pour les épicuriens, l'amitié n'est pas un phénomène complètement à part. L'amitié est un cas particulier d'une tendance générale, la sociabilité humaine. Comme toute sociabilité, l'amitié découle de besoins terre à terre. Les hommes se rapprochent les uns des autres parce que la vie en groupe est moins dangereuse que la vie en solitaire. Quand Lucrèce, le grand épicurien de langue latine, décrit la vie des premiers hommes, il montre comment les besoins les rapprochent les uns des autres :

> *« Alors aussi les voisins commencèrent à se lier d'amitié, désireux d'éviter de se causer ou de subir des dommages mutuels ; ils obtinrent protection pour les enfants et les femmes, en signifiant par des gestes et des sons balbutiés qu'il est juste pour chacun d'avoir pitié des faibles. Certes, une harmonie ne pouvait pas toujours être établie, mais un nombre significativement grand de gens respectaient honnêtement leurs contrats*[2]. *»*

---

1. Voltaire, *Candide*, chapitre 30.
2. Lucrèce, *De la nature des choses*, livre V, vers 1011-1027.

La sociabilité et l'amitié ont des causes matérielles. D'abord, le feu autour duquel les hommes premiers se groupent adoucit les corps et les esprits. La civilité, la politesse et le respect sont des éléments constitutifs de l'amitié. De plus, la vie dans des abris, au sein de couples stables et de familles clairement circonscrites éclaire les hommes sur leurs véritables intérêts. Ils doivent veiller à ce que leurs habitations, leurs compagnes et leurs enfants soient protégés contre les exactions des autres hommes. C'est pour cette raison qu'ils se lient d'amitié : ils concluent avec leurs semblables une trêve qui garantit leur tranquillité. Ils se rapprochent de leurs voisins pour établir des conventions et des règles de protection des intérêts. « En échange de ta tranquillité, je te demande de respecter ma tranquillité. » C'est la première forme de l'amitié : des relations pacifiées destinées à garantir la vie des uns et des autres.

Le pacte politique des amis

Pour les épicuriens, l'amitié est une forme de contrat. Plusieurs penseurs se rallieront à cette thèse par la suite, comme Voltaire. Les philosophies de l'amitié-contrat considèrent l'amitié comme la forme fondamentale de la justice dans les relations humaines.

Un contrat implicite, pas un sentiment

Dans son *Dictionnaire philosophique* (1764), Voltaire définit l'amitié de façon épicurienne : « C'est un contrat tacite entre deux personnes sensibles et vertueuses. [...] Que porte ce contrat entre deux âmes tendres et honnêtes ? Les obligations en sont plus fortes et plus faibles selon leur degré de sensibilité et le nombre des services rendus[1]. » L'amitié procède d'un échange de bienfaits plus que d'un amour du prochain inconditionnel et désintéressé.

---

1. Voltaire, article « Amitié », in *Dictionnaire philosophique* (1764), Flammarion, coll. « GF », Paris, 1964, p. 33-34.

Les règles de justice entre les hommes découlent de la nécessité de préserver les intérêts personnels de chacun des membres d'une communauté. La justice, le droit et l'amitié ont le même fondement : l'accord des parties prenantes autour d'un contrat. L'amitié est un sentiment intéressé au plus haut point : c'est ce qui lie des voisins afin qu'ils ne se portent pas tort. Pas d'amitié sans intérêts matériels, sans contrat et sans langage. L'amitié est à la base du contrat social.

La vertu et l'intéressement

L'intérêt et la vertu

L'amitié épicurienne peut sembler prosaïque et intéressée. Elle est aux antipodes d'une amitié de sacrifice. Quand un épicurien se lie d'amitié, il a pour but d'obtenir ce qui lui est utile : sécurité, plaisir, absence de troubles. Tout se rapporte au moi, à ses plaisirs et à ses intérêts. Et le plaisir d'autrui, quelle est sa place dans la philosophie d'Épicure ? Paradoxalement, cette conception de l'amitié n'exclut pas la vertu :

> « *Toute amitié est par elle-même une vertu, mais elle a son origine dans l'utilité*[1]. »

Cette formule cherche à concilier deux thèses. D'une part, l'amitié procède de la recherche de l'utilité. D'autre part, malgré son intéressement, l'amitié est elle-même une vertu. Faut-il comprendre que l'amitié se transforme à mesure qu'elle se développe ? Elle naîtrait de l'intérêt et deviendrait ensuite une vertu.

---

1. Sentence 23.

Ni égoïsme ni intéressement

Épicure blâme les amis qui ne recherchent que leur propre bien. Mais il ne pense pas qu'une amitié complètement désintéressée ait un sens. Il renvoie dos à dos les amis intéressés et les amis enclins aux sacrifices :

> « *Ce n'est pas celui qui cherche en toute circonstance les services qui est ami, ni celui qui jamais ne lie services et amitié ; car le premier, au moyen de la reconnaissance, fait trafic des récompenses, et le second tranche le bon espoir pour l'avenir*[1]. »

Pour Épicure, l'ami intéressé n'est ni un véritable ami ni un authentique épicurien. Celui qui cherche à obtenir des services de ses amis ne poursuit pas un plaisir durable car il risque rapidement de perdre ses amis. Celui qui cherche à obtenir de la reconnaissance de ses amis à force de les combler de faveurs n'est pas dans une situation bien différente, même s'il paraît plus altruiste. Il risque de fatiguer ses amis à force de vouloir en tirer de la gratitude. Les personnes qui cherchent constamment à obtenir des services de leurs amis ou qui rendent des services à leurs amis pour en obtenir de la reconnaissance ne sont pas de vrais amis. Ce sont de simples marchands de faveurs amicales. Ils cherchent des plaisirs limités de court terme.

Le véritable ami, lui, vise un plaisir durable. C'est à ce titre que le plaisir de ses propres amis lui importe au plus haut point. Chercher le bien de ses amis, parfois au détriment du sien propre, est une manière indirecte et certaine, pour un épicurien, d'obtenir plus de plaisir pour lui-même. La distinction entre altruisme et égoïsme n'a ici plus de sens puisqu'on est altruiste par égoïsme.

Aux yeux d'Épicure, l'ami parfaitement désintéressé n'est pas un bon ami. Il n'a pas en vue les questions d'intérêt et n'a donc pas à cœur de faire le bien de son ami et le sien propre par la même occasion. Scinder amitié et services est absurde. Ceux qui veulent une amitié « pure » de tout intérêt ne comprennent rien à l'amitié.

---

1. Sentence 39.

Dans cette amitié, les possibilités de plaisirs sont incertaines. Si l'amitié est pure et désintéressée, il y a des chances qu'elle ne soit ni plaisante ni durable.

L'ami qui vous fait du bien

Cette philosophie de l'amitié a les avantages d'une position matérialiste. L'amitié n'est pas avant tout affaire de bonnes intentions. L'ami épicurien c'est celui qui recherche concrètement le bien de ses amis et le sien propre du même coup. Être ami n'est pas une question de sentiments délicats ou de pureté morale. C'est une question d'action efficace :

> *« Partageons les sentiments des amis non en nous lamentant mais en prenant soin d'eux[1]. »*

J'ai un ami handicapé. Je peux être un ami de cœur et le plaindre avec compassion. Mais je peux faire mieux. Je peux aussi prendre soin de lui : le faire sortir, lui trouver un programme de rééducation ou lui offrir des prothèses. Ami de cœur, ou ami d'action ? Les épicuriens ont choisi. L'ami n'est pas celui qui vous veut du bien mais celui qui vous fait du bien.

Pour finir…

Épicure élabore une philosophie de l'amitié explicitement utilitaire. L'amitié véritable n'est ni un simple sentiment ni un idéal épuré. L'amitié est un contrat utile aux amis qui s'associent. Condamner l'intérêt dans l'amitié est absurde : une belle amitié est bonne, utile et plaisante. Elle est nécessairement du plus haut intérêt pour ceux qu'elle lie. L'opposition est artificielle entre amitié mauvaise (parce qu'intéressée) et amitié vertueuse (car désintéressée).
Pour Épicure, utilité et vertu sont indissociables dans l'amitié car elles concourent au bonheur des amis. Les délices de l'amitié sont l'autre nom du bonheur.

---

1. Sentence 66.

4 / **Montaigne :**
une amitié d'exception

Pour commencer...

Une amitié hors du commun marque la vie de Montaigne : celle qui le lie à La Boétie. Elle nourrit son œuvre et sa philosophie. Montaigne naît en 1533. Il est le fils d'un marchand bordelais anobli par François 1er pendant les guerres d'Italie. Acquis aux idées humanistes, celui-ci fait décorer son château dans le style d'une villa romaine. Il fait donner à son fils une éducation si soignée qu'il va jusqu'à obliger le précepteur et les domestiques à ne s'adresser à lui qu'en latin ! Adolescent, Montaigne est envoyé au collège de Guyenne à Bordeaux. Il fait ensuite des études de droit à Toulouse avant de devenir magistrat au Parlement de Périgueux. Il y rencontre un collègue qui devient son ami, La Boétie (1530-1563). Humaniste et écrivain, celui-ci est l'auteur du *Contre un ou Discours de la servitude volontaire*, un pamphlet contre la tyrannie. Montaigne renonce à la vie de magistrat à l'âge de trente-sept ans puis est admis à faire partie de l'entourage du roi. Il remplit alors des missions de conciliation entre catholiques et protestants à une époque où les guerres de religions et les conflits politiques font rage. Il cesse ensuite toute activité publique et vit en gentilhomme humaniste sur ses terres. Avec les *Essais*, Montaigne crée un genre littéraire. En apparence, les textes des *Essais* sont centrés sur la personne de Montaigne. Il prévient son lecteur, dans l'avant-propos :

« *Je suis à moi-même la matière de mon livre*[1]. »

Toutefois, même si les *Essais* sont aussi une autobiographie, ils excèdent largement ce cadre. Ils forment un recueil de textes philosophiques, théologiques, littéraires, narratifs, poétiques ou encore historiques. Les chapitres sont variés, apparemment inachevés ou non conclusifs. Ce sont des « essais » avant d'être des chefs-d'œuvre. Ils semblent ne suivre aucun ordre pour manifester le refus de construire un système philosophique.

---

1. *Essais*, édition Maurice Rat, Gallimard, coll. « Bibliothèque de la Pléiade », Paris, 1962, p. 9.

La santé de Montaigne est mauvaise. En 1580, il entreprend un voyage en Italie pour effectuer un séjour thermal à Lucques. Il passe par l'Allemagne, la Suisse et Venise. Pendant sa cure, Montaigne apprend qu'il est nommé maire de Bordeaux. Jusqu'à sa mort, en 1592, Montaigne corrige, retouche, augmente, complète et remanie à maintes reprises les *Essais*.

Une amitié digne des Anciens

Autobiographie et philosophie

Montaigne consacre tout un chapitre des *Essais* à l'amitié et a laissé à la postérité une formule sur les raisons de son amitié avec La Boétie :

> *« Si on me presse de dire pourquoi je l'aimais, je sens que cela ne se peut exprimer, qu'en répondant : Par ce que c'était lui ; parce que c'était moi[1]. »*

L'amitié de Montaigne et La Boétie est souvent célébrée au travers de cette formule. Gardons-nous pourtant de croire que le chapitre « De l'amitié » est seulement la commémoration d'une amitié particulière. Il constitue aussi une analyse philosophique de l'amitié en général. Pour de nombreux penseurs, dont Régis Debray, Montaigne est celui qui remet à l'honneur l'amitié alors que l'idéal chrétien de charité régnait sans partage :

> *« L'ami n'est réapparu comme idéal et souci qu'à la Renaissance avec Montaigne et l'humanisme[2]. »*

Quelle conception de l'amitié se trouve donc condensée dans cette formule peut-être trop célèbre pour rendre justice à la pensée de Montaigne ? Comme dans tous les *Essais*, la philosophie affleure sous l'autobiographie.

---

1. *Essais*, p. 186-187.
2. Régis Debray, *Le Moment fraternité*, Gallimard, coll. « Folio Essais », Paris, 2009, p. 229.

Une amitié entre humanistes

Montaigne défend la mémoire de son ami car le *Discours de la servitude volontaire* est attaqué, à titre posthume, pour sa portée anti-monarchique. Montaigne vante aussi la valeur de cette amitié :

> « *Cette amitié que nous avons nourrie tant que Dieu a voulu, si entière et si parfaite que certainement il ne s'en lit guère de pareilles, et, entre nos hommes, il ne s'en voit aucune trace en usage*[1]. »

Le passage est profondément inspiré de l'humanisme. Montaigne oppose les amitiés exceptionnelles des Anciens avec celles des Modernes, « nos hommes ». Et il compare la dignité de son amitié à celles des amis légendaires de l'Antiquité : Achille et Patrocle dans l'épopée l'*Iliade* de Homère ou encore Oreste et Pylade dans la trilogie théâtrale *L'Orestie* d'Eschyle. Les modèles antiques hissent le propos de Montaigne sur le plan des idées générales. L'imitation de l'Antiquité est omniprésente dans ce chapitre. Parce qu'elle n'est pas une amitié ordinaire de Modernes, parce qu'elle est une amitié digne des Anciens, cette amitié peut servir de modèle de réflexion philosophique aux humanistes pétris d'Antiquité.

Les fausses amitiés

L'ambition théorique générale du texte des *Essais* se manifeste nettement quand Montaigne entreprend de préciser quel type d'affection ou de lien l'amitié est et n'est pas. Sous l'apparence d'une digression, il essaie de cerner les contours de l'amitié.

Ce que l'amitié n'est pas

Montaigne produit une classification des amitiés largement inspirée de celle d'Aristote. Mais le projet de Montaigne est fort

---

1. *Essais*, édition citée, p. 182.

différent de celui d'Aristote. Pour Aristote, il faut expliquer toutes les formes d'amitié, même très inférieures, par une ressemblance avec l'amitié parfaite. Pour Montaigne, il s'agit de souligner que les diverses formes inférieures d'amitié ne sont pas véritablement des amitiés :

> *« En général, toutes celles que la volupté, ou le profit, le besoin public ou privé, forge et nourrit, en sont d'autant moins belles et généreuses, et d'autant moins amitiés, qu'elles mêlent autre cause et but et fruit en l'amitié qu'elle-même[1]. »*

Les relations amicales sont distinguées par leurs buts respectifs : plaisir, utilité, etc. Mais tant que l'amitié n'est pas à elle-même sa propre fin, il ne s'agit que de formes d'amitiés inférieures et « moins amitiés ». Si je suis ami avec une personne pour une raison qui n'est pas la pure et simple aspiration à l'amitié, c'est que nous ne sommes pas authentiquement amis. Par exemple, des associés en affaires et des alliés en politique ne sont pas des amis pour Montaigne.

Amitié et fraternité

Les affections au sein de la famille ne constituent pas des amitiés. Il leur manque toujours quelque chose quels que soient les cas de figure.

Entre enfants et parents, la relation est trop asymétrique pour que s'y manifestent les caractéristiques de l'amitié (franchise, sincérité, confidences, égalité) :

> *« Des enfants aux pères, c'est plutôt respect[2]. »*

Entre frères, il manque la liberté de choix de l'amitié parfaite. Je ne choisis pas mon frère comme je choisis mes amis. Mais il

---

1. *Ibidem*, p. 182-183.
2. *Ibidem*, p. 183.

manque aussi la bienveillance parfois. Entre frères, les rivalités ne sont pas rares :

> « *Les frères ayant à conduire le progrès de leur avancement en même sentier et même train, il est forcé qu'ils se heurtent et se choquent souvent*[1]. »

La fraternité des amis parfaits est bien différente de l'affection entre frères. Ceux-ci entrent en rivalité aussi souvent qu'ils s'unissent parce qu'ils ne se choisissent pas.

Les frères ennemis

Dans *Les Frères Karamazov* (1880), le romancier russe Dostoïevski décrit les relations conflictuelles entre quatre frères. Leur père commun est assassiné et l'enquête de police dévoile la personnalité de chacun. L'aîné, Dimitri, est jouisseur et passionné. Il a été en rivalité amoureuse avec son propre père. Ivan, le cadet, est froid et rationaliste. Il affiche son mépris pour son père. Aliocha, le petit dernier, est, quant à lui, d'une sensibilité religieuse exacerbée. Il éprouve pour son père un respect mêlé de compassion. Quand à Smerdiakov, le bâtard qui vit en domestique chez son père, il est en guerre secrète contre ses frères qui ne le reconnaissent pas comme un membre de la famille. Qui donc a tué le père ?

L'amitié n'est pas l'amour

Avec Montaigne, la distinction entre amour et amitié s'affirme. Certes, le désir est affaire de préférence. Mais il y a une distinction entre désir et affection amicale :

> « *D'y comparer l'affection envers les femmes, quoiqu'elle naisse de notre choix, on ne peut, ni la loger en ce rôle*[2]. »

---

1. *Ibidem*, p. 183.
2. *Ibidem*, p. 184.

Montaigne énonce une série de différences devenues classiques entre l'amitié et le désir amoureux entre hommes et femmes. Le brasier bref, naturel, indomptable et intermittent du désir amoureux est bien différent de l'affection durable, maîtrisée, constante et circonscrite de l'amitié :

> « *En l'amitié, c'est une chaleur générale et universelle, tempérée au demeurant et égale, une chaleur constante et rassise, toute douceur et polissure, qui n'a rien d'âpre et de poignant[1].* »

La métaphore signale une différence non seulement de degré mais aussi de nature entre désir amoureux et amitié. Du côté de l'amitié, l'estime, la modération, le contrôle, la rationalité, la constance. Du côté de l'amour, le désir, l'excès, l'emportement, la passion, l'inconstance et l'intermittence. Montaigne pose une alternative entre l'amour et l'amitié. Il exclut le désir des relations amicales.

L'amour conjugal n'est pas une amitié

L'amitié est également différente du lien matrimonial :

> « *Quant au mariage, outre ce que c'est un marché qui n'a que l'entrée libre, sa durée étant contrainte et forcée, dépendante d'ailleurs que de notre vouloir : et marché qui ordinairement se fait à d'autres fins : il y survient mille fusées étrangères à démêler parmi, suffisantes à rompre le fil et troubler le cours d'une vive affection : là où en l'amitié, il n'y a affaire ni commerce que d'elle-même[2].* »

Plusieurs traits séparent affection conjugale et amitié selon Montaigne. La volonté et la liberté de choix sont plus réduites dans le mariage que dans l'amitié. Mais surtout, les finalités sont différentes. L'amitié n'a pour fin qu'elle-même alors que le mariage a des buts autres : procréation, perpétuation d'un lignage,

---

1. *Ibidem*, p. 184.
2. *Ibidem*, p. 185.

transmission d'un patrimoine, acquisition d'un statut social, légitimation de la descendance, etc.

Montaigne relaie ici une tradition qui dresse une séparation entre féminité et amitié. Les femmes ne sont ni capables d'amitié entre elles ni susceptibles d'être l'objet de l'amitié de la part des hommes. Féminité et amitié seraient mutuellement exclusives en raison même des capacités des femmes :

> *« Joint qu'à dire vrai, la suffisance ordinaire des femmes n'est pas pour répondre à cette conférence et communication, nourrisse sainte couture : ni leur âme ne semble assez ferme pour soutenir l'étreint d'un nœud si pressé et si durable[1]. »*

L'exclusion des femmes hors de la relation amicale est destinée à marquer encore davantage la césure entre amour et amitié. La hiérarchie des affections est aussi une hiérarchie des sexes.

L'homme n'est pas un animal amical

Montaigne considère que l'amitié n'est pas répandue. L'amitié est rare. Devenir amis relève presque du miracle. Et l'amitié n'a pas partie liée avec la condition humaine ordinaire. Il faut exclure les sociabilités ordinaires du champ de l'amitié. Pour Montaigne, il y a une différence de nature entre l'amitié véritable et les amitiés usuelles :

> *« Au demeurant, ce que nous appelons ordinairement amis et amitiés, ce ne sont qu'accointances et familiarités nouées par quelque occasion ou commodité[2]. »*

Loin d'être un phénomène naturel, l'amitié est une exception. L'homme n'est pas naturellement un être d'amitié. Montaigne lance ici un courant « pessimiste » auquel se rattacheront Hume et Hobbes

---

1. *Ibidem*, p. 185.
2. *Ibidem*, p. 186.

Amour et amitié entre hommes

L'affection parfaite

Montaigne place l'amitié entre hommes au-dessus de tous les autres liens : affections familiales, attirance érotique, union conjugale, sociabilité, etc. L'amitié entre hommes est plus que le modèle de toutes les affections humaines. C'est l'affection parfaite et la relation humaine la plus accomplie.

Ne faut-il pas voir, dans cette description de l'amitié, la forme la plus pure de l'amour ? Au-delà du débat impossible à trancher sur l'intimité entre La Boétie et Montaigne, ne convient-il pas de s'interroger sur les relations entre amitié et homosexualité ? L'amitié parfaite est-elle un amour entre hommes ? Ou bien l'amour entre hommes reçoit-il la même analyse que l'attirance érotique entre hommes et femmes ?

La position de Montaigne n'est pas aisée à trancher. D'un côté, l'amitié parfaite aspire à la fusion la plus complète possible entre les amis. D'un autre côté, Montaigne condamne explicitement l'homosexualité au nom de la distinction entre amitié et désir.

Le sexe banni de l'amitié

Montaigne condamne l'homosexualité et distingue ainsi nettement l'amitié parfaite des relations sexuelles :

> « *Et cette autre licence grecque est justement abhorrée par nos mœurs. Laquelle pourtant, pour avoir selon leur usage, une si nécessaire disparité d'âges, et différence d'offices entre amants, ne répondait non plus assez à la parfaite union et convenance qu'ici nous demandons*[1]. »

La condamnation morale est rapidement expédiée. Est-ce parce qu'elle est indiscutable pour Montaigne ? Ou bien parce qu'il sacrifie à l'esprit du temps ? D'un point de vue philosophique, Montaigne introduit des distinctions entre amitié et amour entre hommes. Il manque à l'institution grecque de l'homosexualité

---

1. *Ibidem*, p. 185.

l'égalité d'âge, de savoir et de dignité pour être une amitié véritable. Montaigne reprend ici, en humaniste averti, la conception de l'amour entre hommes qu'analyse et critique Platon : l'amitié homosexuelle traditionnelle en Grèce unit un amant et un aimé, un maître et son disciple, un initiateur et un initié.

Mais Montaigne montre les aspects positifs de ces amitiés sexuées. Il met en avant le caractère passager des relations physiques entre amant et aimé. Il vante les vertus éducatives de cette relation. Et il rappelle que ce type d'amitié amoureuse était, dans l'Antiquité, louée pour son contenu politique. La lutte contre la tyrannie et l'amitié sexuée allaient de pair chez les amis exemplaires en Grèce. Il reprend la figure de Harmodios et Aristogiton unis par leur amour dans la lutte contre le tyran d'Athènes, Pisistrate :

> *« C'était la force des pays qui en recevaient l'usage : et la principale défense de l'équité et de la liberté. Témoins les salutaires amours de Harmodios et d'Aristogiton[1]. »*

Troubles dans l'amitié

La frontière est pourtant difficile à tracer entre l'amitié selon Montaigne et l'amour entre hommes. L'aspiration à la fusion, l'intimité, la singularité de l'affection : toutes ces caractéristiques font hésiter Montaigne. Il s'interroge :

> *« Qu'est-ce donc que cet amour d'amitié[2] ? »*

L'exclusion mutuelle entre relations physiques et union des âmes n'est pas si tranchée dès qu'il s'agit de l'amitié parfaite. Montaigne se livre même à une expérience de pensée où sexualité et amitié ne seraient plus exclusives l'une de l'autre. Il prend bien soin de la formuler (préjugés de l'époque aidant)

---

1. *Ibidem*, p. 185.
2. *Ibidem*, p. 185.

à propos des relations entre hommes et femmes. Mais le propos peut aisément être appliqué à l'amitié idéale, entre hommes :

> *« S'il se pouvait dresser une telle accointance libre et volontaire où non seulement les âmes eussent cette entière jouissance mais encore où les corps eussent part à l'alliance, où l'homme fût engagé tout entier : il est certain que l'amitié en serait plus pleine et plus comble[1]. »*

Ne peut-on pas voir, dans cette description, une limite apportée à l'exclusion mutuelle entre l'amitié et l'amour ? Ne décèle-t-on pas la description d'une fusion à la fois amoureuse et amicale dans un couple que nous appellerions aujourd'hui homo- ou hétéro- sexuel ? Montaigne surmonte les réticences de son époque et la frontière dressée entre amour et amitié par une relation de succession entre amour et amitié, où les limites ne sont pas tracées de façon étanche :

> *« Enfin, tout ce qu'on peut donner à la faveur de l'Académie, c'est dire, que c'était un amour se finissant en amitié[2]. »*

L'amitié décrite ici semble tellement hors normes qu'elle échappe à la séparation entre union des âmes et intimité des corps.

L'amitié est une fusion

De la convergence à l'union

Les amitiés ordinaires ne mettent pas aux prises l'intimité des âmes. L'amitié véritable, quant à elle-même, consiste dans le rapprochement sans réserve de deux âmes :

> *« En l'amitié de quoi je parle, elles (les âmes) se mêlent et confondent l'une en l'autre, d'un mélange si universel, qu'elles effacent, et ne retrouvent plus la couture qui les a jointes[3]. »*

---

1. *Ibidem*, p. 185.
2. *Ibidem*, p. 185.
3. *Ibidem*, p. 186.

L'amitié véritable commence par une concorde entre les volontés des amis et s'achève par une fusion de leurs âmes. Les amis commencent par la convergence des goûts. Puis ils fusionnent par la convenance des volontés :

> « *C'est je ne sais quelle quintessence de tout ce mélange, qui ayant saisi toute ma volonté, l'amena se plonger et se perdre dans la sienne, qui ayant saisi toute sa volonté, l'amena se plonger et se prendre en la mienne d'une faim, d'une concurrence pareille*[1]. »

Le rapprochement entre amis est si complet que la distinction s'abolit entre le mien et le tien, entre le moi et le toi :

> « *[…] ne nous réservant rien qui nous fût propre, ni qui fût sien ou mien*[2] ».

Pour Montaigne, les amis véritables sont un seul être en deux individus.

Amitiés paradoxales

Cette fusion place l'amitié dans une position paradoxale. C'est, en quelque sorte, un « objet éthique non identifié » puisque la distinction entre égoïsme et altruisme s'estompe : si les intérêts d'autrui sont les miens, je les poursuis par égoïsme et par altruisme. Par exemple, quand je cherche le plaisir de mon ami, je cherche aussi le mien, celui qui découle de sa satisfaction à lui. Sa satisfaction n'est pas différente de la mienne. Montaigne résume ainsi le paradoxe :

> « *Celui qui recevrait le bienfait obligerait son compagnon*[3]. »

---

1. *Ibidem*, p. 187.
2. *Ibidem*, p. 187.
3. *Ibidem*, p. 188.

L'amitié remet en question les catégories habituelles de la volonté et de la moralité. Quand l'amitié se porte à ce point de fusion, les anciennes distinctions s'abolissent. Il est impossible de raisonner comme si les amis avaient à se mettre d'accord pour agir ou décider ensemble. La responsabilité est ainsi redistribuée entre amis. Qui doit être tenu pour responsable d'une décision ou d'un acte entre amis ? Montaigne écrit :

> *« Je me fusse certainement plus volontiers fié à lui de moi qu'à moi*[1]*. »*

Les vertus habituelles n'ont plus cours. Par exemple, la générosité ne peut pas être compréhensible dans une relation où la différence entre moi et autrui est abolie. Montaigne relève ainsi le paradoxe qui fait perdre leurs significations ordinaires aux :

> *« [...] mots de division et de différence, bienfait, obligation, reconnaissance, prière, remerciement et leurs pareils*[2] *».*

Avec le langage commun, c'est l'organisation habituelle des relations humaines qui est brouillée :

> *« Tout étant par effet commun entre eux, volontés, pensements, jugements, biens, femmes, enfants, honneur et vie [...] ils ne se peuvent ni prêter ni donner rien*[3]*. »*

L'amitié comme destin

La rareté et le caractère exceptionnel de l'amitié ne la rendent pas impossible. Mais la maîtrise des hommes sur l'amitié est limitée. L'amitié est donnée mais n'est pas forgée. L'amitié défie

---

1. *Ibidem*, p. 188.
2. *Ibidem*, p. 189.
3. *Ibidem*, p. 189.

aussi bien le langage humain qui essaierait d'en rendre compte que les actes des hommes qui chercheraient à la bâtir :

> « *Il y a au-delà de tout mon discours, et de ce que j'en puis dire particulièrement, je ne sais quelle force inexplicable et fatale, médiatrice de cette union*[1]. »

Montaigne invoque les qualités d'une union issue d'une prédestination. Il y a, dans l'amitié de Montaigne et La Boétie, de nombreuses caractéristiques de ces attirances naturelles et implacables :

> « *Nous nous cherchions avant que de nous être vus*[2]. »

L'amitié fusionnelle et fatale emprunte très largement ses traits à une conception de l'amour développée chez Platon notamment. Les amis accomplis ne choisissent pas leur ami. Ils les cherchent comme leur moitié perdue.

Retrouver sa moitié perdue

Dans le *Banquet*, Platon met en scène le dîner de gala qui réunit Socrate et plusieurs personnalités de l'époque. La conversation roule sur la question : « Qu'est-ce que l'amour ? » Un des convives, un auteur de comédie célèbre, Aristophane, déclare que l'amour est l'attraction qui cherche à réunir les deux parties d'un être autrefois unique. Initialement, tous les êtres humains étaient dotés de deux têtes, de deux paires de jambes, de deux paires de bras et deux organes sexuels. Mais ils furent punis par Zeus pour leur orgueil rebelle. Usant de la foudre, le roi des dieux les sépara. L'amitié selon Montaigne emprunte son côté fatal et irrépressible à cette conception de l'amour. Cela contribue à brouiller les frontières entre amour et amitié.

---

1. *Ibidem*, p. 187.
2. *Ibidem*, p. 187.

Loin de se découvrir progressivement, d'apprendre à se connaître, de se familiariser l'un avec l'autre, de contracter des habitudes communes et de construire une amitié, les amis selon Montaigne sont immédiatement en communication intime :

> *« Et à notre première rencontre, qui fut par hasard en une grande fête et compagnie de ville, nous nous trouvâmes si pris, si connus, si obligés entre nous, que rien dès lors ne nous fut si proche que l'un et l'autre[1]. »*

Puissante comme le destin et fragile comme la vie

Une amitié hors du commun

Montaigne met à maintes reprises l'accent sur le caractère exceptionnel de son amitié avec La Boétie :

> *« Il faut tant de rencontre à la bâtir, que c'est beaucoup si la fortune y arrive une fois en trois siècles[2]. »*

Quand il développe sa philosophie de l'amitié, Montaigne souhaite tout à la fois commémorer la mémoire d'un ami disparu, défendre sa réputation et l'égaler aux Anciens. Mais il veut aussi souligner que l'amitié n'est pas chose courante. L'amitié de Montaigne et La Boétie est si loin du commun qu'elle en devient presque ineffable et incompréhensible aux autres. Elle défie à la fois l'esprit et le langage. L'amitié en question ne s'exprime que par elle-même et ne se comprend que par elle-même :

> *« Celle-ci n'a point d'autre idée que d'elle-même et ne se peut rapporter qu'à soi[3]. »*

---

1. *Ibidem*, p. 187.
2. *Ibidem*, p. 182.
3. *Ibidem*, p. 190.

Pour comprendre et expliquer ce qu'est cette amitié hors du commun, il faut l'avoir éprouvée soi-même, ce qui est bien rare…

Une amitié à l'épreuve de la mort

L'amitié selon Montaigne a la puissance du destin. Mais elle a également la fragilité de la vie humaine. À la différence d'affections ou d'attitudes plus générales dans leurs objets comme l'amour du prochain, la philanthropie, la solidarité de classe ou la fraternité politique, l'amitié est à la merci de la mort d'un individu. L'expérience est amère et difficile. La douleur de la perte de l'amitié est à la mesure du plaisir de sa réalisation :

> *« Depuis le jour que je le perdis [...] je ne fais que traîner languissant et les plaisirs qui s'offrent à moi, au lieu de me consoler, me redoublent le regret de sa perte[1]. »*

Si l'amitié restaure l'unité perdue d'une personne divisée en deux individus, elle n'est que transitoire. Elle accroît même le sentiment d'incomplétude et de faiblesse des amis :

> *« J'étais déjà si fait et accoutumé à être deuxième partout qu'il me semble n'être plus qu'à demi[2]. »*

Pour finir...

L'amitié de Montaigne est hors du commun. Elle unit deux êtres de façon si étroite qu'elle débouche sur une véritable fusion. Sa perfection défie le langage humain : elle est presque inexplicable par les mots. En outre, elle bouleverse les catégories usuelles de la morale comme la distinction entre égoïsme et altruisme. Sa force remet en cause les divisions ordinaires de l'identité personnelle comme la différence entre moi et toi. Enfin, elle est tellement hors normes qu'elle brouille la frontière entre union des âmes et intimité des corps.

1. *Ibidem*, p. 190.
2. *Ibidem*, p. 190.

Toutefois l'amitié selon Montaigne est une liaison si exceptionnelle qu'elle en devient presque incompréhensible, ineffable et irréelle. Elle ne peut ni servir d'exemple pour comprendre les amitiés ordinaires ni être considérée comme un modèle pour construire des amitiés courantes.

Paradoxalement, l'amitié de Montaigne est si exceptionnelle qu'elle est difficilement exemplaire.

5/ Pascal :
l'amitié à l'épreuve de l'égoïsme

Pour commencer...

En un peu moins de quarante années (1623-1662), Blaise Pascal vit plusieurs vies et plusieurs types d'amitié. Mathématicien et physicien, moraliste et théologien mais aussi ingénieur et homme d'affaires, Pascal est un des plus grands philosophes français.

La première vie de Pascal est celle d'un enfant prodige choyé par ses familiers. Il naît en 1623 à Clermont-Ferrand. Son père est magistrat et entretient des relations étroites avec les grands scientifiques de l'époque. Très tôt, Pascal montre une vivacité d'esprit étonnante. À onze ans, il étudie seul les traités du mathématicien grec Euclide.

La deuxième vie de Pascal, sa jeunesse, se déroule à Paris. Il y est entouré d'amis qui l'admirent. La géométrie le passionne tant qu'il écrit un traité et crée un théorème qui porte son nom. À dix-neuf ans, il invente la première machine à calculer : « la pascaline ». En 1648, il réussit à démontrer l'existence du vide et devient ainsi célèbre. Sa famille prend part à un mouvement de réforme du catholicisme, le jansénisme. Mais Pascal préfère fréquenter les milieux aristocratiques. Ses amis s'adonnent aux jeux d'argent ? Qu'à cela ne tienne ! Pascal invente le calcul de probabilité. De plus, grâce à ses connaissances en hydraulique, il s'associe au duc de Roannez pour assécher une partie du marais poitevin.

La troisième vie de Pascal est celle d'un « Hamlet du catholicisme » selon l'écrivain romantique Barbey d'Aurevilly. L'année 1654 est un tournant dans son existence. Victime d'un grave accident de carrosse, il est plongé dans le coma plusieurs jours et fait une expérience mystique qui le bouleverse. Désormais, Pascal n'écrit presque plus de mathématiques, au grand dam de ses amis savants. Il se consacre à l'écriture de textes religieux. Il compose *Les Provinciales*. Il s'agit d'un recueil de lettres destinées à défendre le jansénisme et à attaquer les jésuites. C'est un traité théologique majeur mais aussi un des monuments de la langue française. Voltaire le considérera au siècle suivant comme « le meilleur livre qui ait jamais paru en France ». Ce fut longtemps l'ouvrage le plus lu de Pascal, avant les *Pensées*. Pascal connaît l'hostilité de plusieurs milieux religieux et politiques. Mais il est entouré d'amis jansénistes qui le défendent. Pascal écrit également les *Pensées*.

Pascal n'a pas publié les *pensées*... de Pascal

Ce que nous, Modernes, appelons *Les pensées de Pascal* sont une collection de notes et de fragments écrits par Pascal en vue de la composition d'un grand ouvrage inachevé sans doute intitulé *Apologie de la religion chrétienne*. Si les *Pensées de Pascal* sont un classique de la philosophie du xviie siècle, leur première édition rigoureuse date seulement du xixe siècle.

La dernière vie de Pascal est marquée par la solitude et la maladie. En 1659, sa santé se dégrade. Il souffre de l'abdomen et de la tête. En 1662, il prend conscience qu'il est incurable. Il meurt dans de graves souffrances en prononçant ces derniers mots : « Puisse Dieu ne jamais m'abandonner. »

Les vies de Pascal sont riches en amitiés. Mais elles ne sont pourtant pas exemptes de solitude : maladie, célibat délibéré, isolement religieux, etc. Elles sont enfin marquées par l'hostilité. Écrivain et savant réputé, Pascal est autant un ami admiré qu'un ennemi redouté.

La tyrannie du moi

Les morales du Grand Siècle

En matière d'amitié, Pascal développe une vision plutôt pessimiste : l'amitié véritable est rare ou impossible. Il considère que la passion fondamentale des hommes est « l'amour-propre ». Il s'agit d'une tendance à ne penser qu'à soi, à ne voir que soi, à n'estimer que soi.

Égocentrisme et égoïsme : autrui réduit à un décor

Le « moi » peut oublier les autres de plusieurs manières. Il peut se placer au centre de tout. C'est l'égocentrisme. Ainsi, quand un désaccord surgit entre moi et mes amis, je peux ne considérer que mon point de vue comme digne d'attention. Je peux également penser à mes intérêts au détriment de ceux des autres. C'est alors l'égoïsme. Ainsi, si je fais des courses avec des amis, je cherche à en payer le moins possible. Je considère que mon bien est supérieur à celui d'autrui. Pour l'égocentrique et l'égoïste, les amis ne sont plus que des éléments de décor. Il est le seul héros.

Pascal, La Rochefoucauld[1] et La Bruyère[2] soulignent et critiquent la prédominance outrageuse du moi. Pour la tradition, ils sont les « moralistes du Grand Siècle » car ils analysent et critiquent les mœurs du xviie siècle.

L'amour-propre, ce despote familier

Les hommes ne sont ni enclins à s'aimer les uns les autres ni à se faire mutuellement du bien. Ils n'aiment qu'eux-mêmes. Et cet amour de soi bannit l'affection pour autrui :

> *« La nature de l'amour-propre et de ce moi humain est de n'aimer que soi et de ne considérer que soi[3]. »*

Pascal donne ici à la notion d'« amour-propre » un sens différent du sens contemporain. Dans le langage ordinaire d'aujourd'hui, « avoir de l'amour-propre », c'est avoir le sentiment de sa propre dignité et refuser les humiliations. C'est un trait psychologique positif. Mais l'amour-propre du Grand Siècle, c'est le sentiment arrogant de sa propre supériorité. L'amour-propre n'est pas

---

1. Militaire et magistrat, le duc de La Rochefoucauld (1613-1680) est l'auteur de *Maximes*.
2. Écrivain (1645-1696), auteur des *Caractères*.
3. *Pensées*, in *Œuvres*, Gallimard, coll. « Bibliothèque de la Pléiade », Paris, 1936, pensée 130, p. 1223.

défensif comme aujourd'hui. Il est offensif : c'est la tendance à revendiquer pour soi-même les plus grands honneurs.

La gloire du héros cornélien

Les héros cornéliens incarnent l'exacerbation de l'amour-propre aristocratique du Grand Siècle. Rodrigue dans *Le Cid*, Horace dans *Horace* et Auguste dans *Cinna* s'attribuent une valeur supérieure à celle du reste de l'humanité. C'est ce qui fait leur noblesse. Mais c'est aussi ce qui les enferme dans des dilemmes inextricables.

L'amour-propre a aussi un sens chrétien. Il s'agit de la tendance des hommes à oublier leur indignité de pécheurs. L'homme en proie à l'amour-propre s'attribue des mérites sans rapport avec sa condition de pécheur. L'amour-propre repose sur un déni de la vérité sur soi-même : l'amour-propre oublie les imperfections humaines. Le moi en proie à l'amour-propre est dans l'illusion. Comme par un effet d'optique il se voit plus grand qu'il n'est :

> *« Quel dérèglement de jugement, par lequel il n'y a personne qui ne se mette au-dessus de tout le reste du monde*[1] *! »*

Moi, moi, moi !

L'amour-propre ne biaise pas seulement les rapports avec soi-même. Il altère aussi les rapports avec les autres. L'amour-propre est un amour exclusif et tyrannique. Le moi veut n'aimer que lui-même et il veut que les autres n'aiment que lui :

> *« En un mot, le moi a deux qualités : il est injuste en soi, en ce qu'il se fait le centre de tout ; il est incommode aux autres, en ce qu'il veut les asservir*[2]*. »*

---

1. *Ibidem*, pensée 138, p. 1227.
2. *Ibidem*, pensée 136, p. 1226.

Le moi pourrait être seulement pénétré de son importance, être plein de lui-même. Mais cela ne lui suffit pas. Il faut que tous aiment la même chose que le moi : moi. Le moi cherche à forcer les autres moi à l'admirer lui. Il est aux antipodes d'un nombrilisme satisfait de lui-même. Le moi ne veut pas rester chez lui tranquillement à se contempler. Il veut qu'on l'admire. Et c'est là que commence le conflit : les autres moi ont une préférence identique. Ils veulent eux aussi être admirés par les autres moi. Le combat des moi est une rivalité entre tyrans familiers.

L'amour-propre, un obstacle à l'amitié

L'amitié n'est-elle pas impossible ?

Le moi plein d'amour-propre est dans une impasse. Il n'aime pas la compagnie des autres moi. Mais il a besoin d'autrui pour organiser son propre culte.

> *« Nous sommes si présomptueux, que nous voudrions être connus de toute la terre [...] et nous sommes si vains, que l'estime de cinq ou six personnes qui nous environnent nous amuse et nous contente*[1]. *»*

Les autres nous sont à la fois indispensables comme spectateurs et détestables comme acteurs rivaux car ils nous disputent le devant de la scène. Pour Pascal, le moi est comme un grand seigneur qui cherche des courtisans pour l'admirer et le flatter. L'amour-propre recherche des amis pour apporter du lustre à sa gloire :

> *« Un vrai ami est une chose si avantageuse, même pour les plus grands seigneurs, afin qu'il dise du bien d'eux, et qu'il les soutienne en leur absence même, qu'ils doivent tout faire pour en avoir*[2]. *»*

---

1. *Ibidem*, pensée 151, p. 1229.
2. *Ibidem*, pensée 157, p. 1229.

Plein de soi-même, obsédé par son image, centré sur ses petites manies et sur ses grands espoirs, le moi est-il tout simplement capable d'amitié ? L'amour-propre est l'ennemi de l'amitié. Comment pourrais-je endosser les intérêts, les sentiments, ou même seulement les goûts de mes amis si je ne suis occupé que de moi-même ? Le « moi » semble dresser un obstacle insurmontable entre moi et mes amis. Une amitié authentique n'est-elle pas tout simplement impossible ?

De l'amour-propre à la haine des autres

Avec l'amour-propre, la deuxième caractéristique fondamentale de l'homme, pour Pascal, c'est la haine d'autrui. L'amour du prochain n'est pas une donnée naturelle :

> « *Tous les hommes se haïssent naturellement l'un l'autre[1].* »

La tendance naturelle de l'homme n'est ni la compassion ni la pitié. Encore moins la charité ou l'amour du prochain. Les hommes se détestent entre eux, principalement parce qu'ils voient dans les autres des obstacles à la gloire de leur amour-propre.

L'intérêt est partout

L'amour-propre paraît difficilement compatible avec l'oubli de soi et le désintéressement de l'amitié véritable. L'amour-propre se préoccupe uniquement de son intérêt. Il faut prendre garde ici aux mots. Chez les moralistes du Grand Siècle, l'« intérêt » a un sens plus large que dans le langage courant contemporain. Dans l'avant-propos à ses *Maximes*, La Rochefoucauld expose une conception de l'intérêt très vaste :

> « *Je me contenterai de vous avertir de deux choses : l'une que par le mot d'intérêt, on n'entend pas toujours un intérêt de bien, mais le plus souvent un intérêt d'honneur ou de gloire[2]… »*

---

1. *Ibidem*, pensée 134, p. 1226.
2. La Rochefoucauld, *Maximes*, Flammarion, coll. « GF », Paris, 1999, p. 43.

L'amour-propre cherche toujours sa propre gloire, sa propre illustration et son propre bien, y compris dans ses apparences altruistes. Par exemple, si j'invite des personnes chez moi, ce n'est pas principalement pour les réjouir. C'est pour impressionner mes hôtes ou asseoir mon statut social. Si je m'engage dans une cause humanitaire, c'est pour me donner du prestige et écraser les autres de ma supériorité morale.

Des amis comme des trophées

L'amour-propre peut vouloir des amis par orgueil. Nombreux sont les romans où des personnages mettent toute leur fierté à montrer qu'ils peuvent attirer dans leurs salons les plus beaux esprits. C'est le cas de M. de Reynal dans *Le Rouge et le Noir* de Stendhal. Ce notable est fier d'exhiber la mémoire prodigieuse du répétiteur de ses enfants, Julien Sorel.

Comment le moi pourrait-il éprouver une amitié véritable ? Pour Pascal, La Rochefoucauld et La Bruyère, l'amitié véritable est désintéressée. Or l'amitié altruiste est impossible en raison du vice de la nature humaine. Les moralistes du Grand Siècle montrent tout le tragique de l'amitié.

La fin des illusions sur l'amitié

Comme l'amitié véritable est presque impossible, toutes les qualités prêtées aux amitiés authentiques sont illusoires. Les moralistes du Grand Siècle ruinent une à une nos illusions sur l'amitié. Voici leurs principaux angles d'attaque.

Ni sympathie ni empathie

L'amitié est empoisonnée par la jalousie de l'amour-propre :

> « *La ruine du prochain plaît aux amis et aux ennemis*[1]. »

---

1. *Ibidem*, maxime posthume 4, p. 101.

Les traits caractéristiques de l'amitié véritable sont ainsi contestés : il est impossible de se réjouir de la même chose que ses amis. Sympathie et empathie envers les amis sont très rares.

Sympathie et empathie : deux fictions

La sympathie est l'action d'éprouver les impressions, les affections, éventuellement les douleurs *avec* quelqu'un d'autre. La sympathie est en effet l'action d'éprouver (*pathein* en grec ancien) avec (*syn-* en grec ancien) quelqu'un. L'empathie est différente : il s'agit d'éprouver presque *à la place* de quelqu'un ou à l'intérieur de quelqu'un (*en-* en grec ancien). Obsédé par son amour-propre, le moi pascalien est incapable d'éprouver autre chose que ses propres émotions.

La solidarité des vices

Le moi est si vaniteux que la moindre égratignure d'amour-propre le pousse à rompre ses amitiés. En conséquence, il est impossible d'aider ses amis à corriger leurs défauts, sous peine de s'en faire des ennemis offensés. S'améliorer mutuellement entre amis est une entreprise illusoire. Les amis cessent d'intéresser dès qu'ils deviennent critiques :

> *« Détromper un homme préoccupé de son mérite est lui rendre un aussi mauvais office que celui que l'on rendit à ce fou d'Athènes, qui croyait que tous les vaisseaux qui arrivaient dans le port étaient à lui[1]. »*

L'amitié repose en fait sur nos vices et non pas sur nos qualités. Nous sommes attachés aux hommes par ce que nous avons de pire et non par ce que nous avons de meilleur :

> *« Nous nous plaisons plus souvent dans le commerce de la vie par nos défauts que par nos bonnes qualités[2]. »*

---

1. *Ibidem*, maxime 92, p. 53.
2. *Ibidem*, maxime 87, p. 52.

Mesurons la portée de ces thèses. Pour les grands Anciens – comme Platon, Aristote et Épicure – la principale fonction de l'amitié est de favoriser le perfectionnement mutuel des amis. Ce que récusent ici les moralistes du Grand Siècle, c'est la possibilité même pour l'amitié de produire cet effet : l'amitié ne peux pas me rendre meilleur.

Les infortunes de la sincérité

Les instruments de l'amélioration mutuelle des amis sont eux aussi illusoires : la franchise comme la sincérité ne sont pas de mise dans les amitiés telles que les pratiquent ordinairement les hommes.

Le théâtre des susceptibilités

Molière met souvent en avant la difficulté de la sincérité en amitié. Qu'on se souvienne de la scène du *Misanthrope* où apparaissent les dangers de la sincérité pour les amitiés mondaines. Oronte, un courtisan imbu de ses talents poétiques, demande à Alceste, le misanthrope, son avis sur un poème qu'il a composé. Alceste, tout à son culte de la sincérité, lui fait part de son peu d'estime pour son texte. Oronte et Alceste se quittent ennemis. Loin d'être renforcée par la sincérité, l'amitié est ruinée par elle.

L'amour-propre est si chatouilleux qu'il ne supporte pas la moindre critique. Nos amis sont donc contraints d'être hypocrites envers notre moi ombrageux :

> *« Je mets en fait que, si tous les hommes savaient ce qu'ils disent les uns des autres, il n'y aurait pas quatre amis dans le monde*[1]*. »*

---

1. *Pensées*, pensée 131, p. 1226.

Notre tragique incapacité à l'amitié

Le moi se trouve enfermé dans une situation tragique. Il aspire à l'amitié véritable mais il ne peut sortir des cercles vicieux où son amour-propre l'enferme.

La sociabilité plutôt que l'amitié

Pour Pascal et La Rochefoucauld, l'amitié véritable (désintéressée, altruiste, sincère, franche, vertueuse, etc.) est inaccessible aux hommes. L'amitié disparaît-elle pour autant du monde humain ? Certes non. Les hommes, incapables d'amitiés véritables, mettent une autre réalité sous le nom d'« amitié ». C'est la sociabilité :

> *« Ce que les hommes ont nommé amitié n'est qu'une société, qu'un ménagement réciproque d'intérêts et qu'un échange de bons offices ; ce n'est enfin qu'un commerce où l'amour-propre se propose toujours quelque chose à gagner[1]. »*

Il y a une distance certaine entre l'idéal de l'amitié véritable et la réalité de l'amitié effective. Cette dernière « n'est que… » un échange de bons procédés, de services, de bienfaits et de faveurs. L'amitié réelle, bien distincte de la véritable amitié, est réduite à la sociabilité. Elle repose sur l'intérêt et sur la tromperie. La politesse est la dose de supercherie nécessaire à la conservation des liens entre des hommes incapables d'amitié :

> *« Personne ne parle de nous en notre présence comme il en parle en notre absence. L'union qui est entre les hommes n'est fondée que sur cette mutuelle tromperie ; et peu d'amitiés subsisteraient, si chacun savait ce que son ami dit de lui lorsqu'il n'y est pas[2]. »*

---

1. La Rochefoucauld, *Maximes*, maxime 83, p. 52.
2. *Pensées*, pensée 130, p. 1225,

Ordinairement, le mensonge est considéré comme un mal qui ruine les relations humaines. Pascal voit aussi en lui un expédient pour faire cohabiter des amours-propres incapables d'affections sincères.

Mon ami n'a jamais accès à mon âme

L'amitié véritable se heurte à des obstacles presque insurmontables. Il est presque impossible de connaître le cœur de ses amis. Autrui se présente à moi toujours comme une apparence. Je ne peux pas connaître ce qu'est autrui indépendamment de la façon dont il m'apparaît et indépendamment de la façon dont je le perçois. Avoir accès à ce qu'est l'autre est impossible. Même le langage ne donne pas accès à l'âme de ses amis. En effet, le langage n'est pas au service de la sincérité. Il masque autrui parce qu'il est utilisé par l'amour-propre pour briller, pour faire de l'esprit et pour dissimuler :

> « *Ce qui nous rend si changeants dans nos amitiés, c'est qu'il est difficile de connaître les qualités de l'âme, et facile de connaître celles de l'esprit[1].* »

Les barrières sont si nombreuses entre moi et mes amis potentiels qu'on peut se demander si j'ai seulement accès à autrui, sans parler même de devenir ami. Si les hommes communiquent par l'esprit, ils restent isolés dans leurs cœurs.

L'impossible oubli de soi

Il y a un cercle vicieux dans les préférences comme il y a un cercle vicieux dans l'humilité. Quand je préfère mes amis à moi-même, c'est toujours mon moi qui s'exprime. Je ne me dépasse moi-même que par préférence personnelle. Même dans l'altruisme extrême, l'oubli de soi, le moi est encore en travers du chemin :

> « *Nous ne pouvons rien aimer que par rapport à nous, et nous ne faisons que suivre notre goût et notre plaisir*

---

1. La Rochefoucauld, *Maximes*, maxime 80, p. 52.

> *quand nous préférons nos amis à nous-mêmes ; c'est néanmoins par cette préférence seule que l'amitié peut être vraie et parfaite[1]. »*

On voit ici une nouvelle impasse tragique : c'est toujours le moi qui a de l'amitié mais c'est le moi qui est l'ennemi de l'amitié. L'oubli de soi est à la fois indispensable à l'amitié et impossible au moi. Soit je laisse le moi aller à sa tendance naturelle et, dans ce cas, il est naturellement oublieux des autres. Soit je fais l'effort de m'oublier moi-même. Mais il s'agit encore de me mettre au premier plan ! En effet, m'oublier moi-même c'est encore faire effort sur moi et considérer que la première question c'est le moi. Il y a une secrète vanité à vouloir s'oublier.

Comment briser le cercle vicieux de l'impossible amitié ? L'homme, livré aux tendances tyranniques du moi, peut-il s'appuyer sur ses propres forces ? Ou bien doit-il compter sur une intervention extérieure ?

De l'amitié à la charité

Face aux faiblesses incurables de l'amitié humaine, les moralistes du Grand Siècle placent les hommes devant une alternative. Soit l'amitié est absolument impossible et seule une sociabilité intéressée est à la portée des hommes. Soit le moi trouve des parades à sa solitude. Deux voies s'ouvrent pour rétablir un peu de vérité dans les relations humaines : la raison ou la foi et sa manifestation vertueuse, la charité. Qu'on ne se méprenne pas. Pascal entend la charité dans un sens plus large que le sens banal contemporain qu'on lui donne aujourd'hui. La charité est bien plus que quelque chose qu'on « fait » quand on donne une aumône aux pauvres. La charité est la vertu chrétienne d'amour de Dieu et du prochain parce qu'il est lui-même créature de Dieu.

---

1. *Ibidem*, maxime 81, p. 52.

L'estime, substitut rationnel de l'amitié

Pour sortir de la prison de l'amour-propre, le moi peut faire un effort de lucidité grâce à la raison. Au lieu de se croire admirable, il peut chercher à fonder objectivement ses admirations et ses amitiés. Dans *Trois Discours sur la condition des Grands*, Pascal explique à son élève, le duc de Luynes, comment réaliser cet effort. Pour bien placer mon estime et mon amitié, je dois discerner les motifs réels et légitimes de respect. Je dois distinguer entre, d'une part, ce qui force le respect en raison de conventions sociales et, d'autre part, ce qui mérite en soi-même de l'admiration :

> *« Il y a dans le monde deux sortes de grandeur ; car il y a les grandeurs d'établissement et les grandeurs naturelles. Les grandeurs d'établissement dépendent de la volonté des hommes, qui ont cru avec raison devoir honorer certains états et y attacher certains respects. Les dignités et la noblesse sont de ce genre[1]. »*

Les hauts personnages placés au sommet de la société par héritage ou convention doivent savoir qu'ils n'ont pas de valeur intrinsèque.

Mater l'arrogance de l'amour-propre

Pour Pascal, l'amour-propre des grands seigneurs est à l'image de l'amour-propre de tous les hommes. Le moi de chaque homme doit identifier les raisons factices pour lesquelles il considère devoir être admiré. Pascal demande qu'on estime uniquement les qualités réelles des personnes, les « grandeurs naturelles » :

> *« Les grandeurs naturelles sont celles qui sont indépendantes de la fantaisie des hommes, parce qu'elles consistent dans des qualités réelles et effectives de l'âme ou du corps comme les sciences, la lumière de l'esprit, la vertu, la santé, la force[2]. »*

---

1. *Trois Discours sur la condition des Grands*, présentation Marc Escola, Flammarion, coll. « GF », Paris, 2011, p. 251.
2. *Ibidem*, p. 251.

L'effort de lucidité doit amener le moi à plus d'humilité. Voilà la première parade, limitée, contre la destruction de l'amitié par l'amour-propre. Il s'agit de garder une certaine lucidité dans ses affections. Il s'agit d'estimer autrui pour des raisons objectives, connues et parfaitement circonscrites. Cela permet d'empêcher le moi de délirer en voulant être admiré pour des motifs illusoires. Mais cela suffit-il pour établir une amitié ? L'estime rationnelle paraît bien différente de l'élection amicale.

De l'amour de Dieu à l'amitié authentique ?

Les capacités de l'homme restent réduites tant qu'il n'a pas le secours de Dieu. L'aptitude de l'homme à éprouver une amitié sincère par ses seules forces est limitée. L'amour-propre enferme le moi dans de tels cercles vicieux qu'il ne reste plus qu'une seule solution : une intervention extérieure. Seule la foi permet d'accéder à la véritable amitié car elle permet de faire l'expérience de l'oubli de soi dans l'amour de Dieu. La grâce divine peut sortir les hommes des apories de l'amitié aux prises avec l'amour-propre :

> *« Je me contenterai de vous avertir [...] que celui qui les a faites n'a considéré les hommes que dans cet état déplorable de la nature corrompue par le péché ; et qu'ainsi la manière dont il parle de ce nombre infini de défauts qui se rencontrent dans leurs vertus apparentes ne regarde point ceux que Dieu en préserve par une grâce particulière[1]. »*

Face aux insurmontables contradictions de la condition humaine, La Rochefoucauld et Pascal soutiennent que seul un saut dans l'amour de Dieu est susceptible d'apporter une solution.

Du désir d'amitié à l'exigence de charité

L'amour de Dieu est ce qui permet d'extraire le moi de lui-même. L'amour de Dieu devient amour du prochain : en tout homme,

---

1. La Rochefoucauld, *Maximes*, p. 43.

j'aime une créature de Dieu aimée par Dieu. L'amour de Dieu est la condition de possibilité de l'amour du prochain. L'amitié authentique n'est accessible qu'avec l'aide de Dieu, sous la forme de la charité. Pour donner à comprendre la différence entre le désir des hommes et la charité divine, Pascal compare le grand seigneur à Dieu.

Le grand seigneur, image de l'homme, ne peut satisfaire qu'au désir borné typique des hommes, c'est-à-dire la concupiscence :

> *« Qu'est-ce, à votre avis, d'être grand seigneur ? C'est être maître de plusieurs objets de la concupiscence des hommes et ainsi pouvoir satisfaire aux besoins et aux désirs de plusieurs[1] ? »*

L'attachement des courtisans pour le grand seigneur est l'image des attachements humains marqués par l'intérêt :

> *« Ils espèrent, par ces services et ces déférences, qu'ils vous rendent, obtenir de vous quelque part de ces biens[2]. »*

Dieu, quant à lui, donne des bienfaits tout à fait différents. Alors que le grand seigneur est « un roi de concupiscence », Dieu, lui, est « le roi de la charité ». Les attachements issus de la charité sont bien supérieurs :

> *« Il faut mépriser la concupiscence et son royaume et aspirer à ce royaume de charité où tous les sujets ne respirent que la charité[3]. »*

Tant que le désir, le manque et la concupiscence présideront aux attachements entre personnes, ils seront rabaissés par l'intérêt. Il faut donc se hisser à un niveau supérieur de relations et se vouer à la charit, c'est-à-dire à l'amour de tout prochain.

---

1. *Trois Discours sur la condition des Grands*, édition citée, p. 254.
2. *Ibidem*, p. 254.
3. *Ibidem*, p. 255.

Pourtant, la charité est bien différente de l'amitié, ne serait-ce que parce qu'elle n'est pas un attachement à des personnalités individuelles. La charité s'adresse non à l'ami particulier mais au prochain en général. Pour Pascal, il est nécessaire de renoncer au désir d'amitié (impossible à satisfaire) et de se convertir à l'exigence de charité (réalisable grâce à l'amour de Dieu).

Pour finir...

Pascal dévoile le tragique de l'amitié : l'homme a besoin d'amis, il s'en cherche mais il est incapable d'une amitié authentique. La tyrannie du moi enferme les humains dans les cercles vicieux de leur amour-propre. L'amitié véritable n'est accessible que grâce à un détour par l'amour de Dieu.

Pourtant, sous la figure de l'amour du prochain et de la charité, l'amitié est à peine reconnaissable. Elle n'est plus un tête-à-tête entre personnes. C'est une relation triangulaire où domine un troisième terme extérieur aux amis : Dieu. Sans l'amour de Dieu, je suis incapable de nouer une relation sincèrement désintéressée. Mais l'amour de Dieu et l'amour du prochain sont-ils encore des affections interpersonnelles ?

Sont-ils encore des amitiés à proprement parler ? La charité dissipe l'égoïsme mais pourrait bien aussi faire disparaître l'amitié.

6 / **Kant :**
l'amitié comme devoir

Pour commencer...

Dans la vie de Kant, volontairement austère et intégralement consacrée à la philosophie, les seuls plaisirs (au moins en apparence) sont les repas, les promenades et les conversations avec les amis.

Né en 1724, dans une famille modeste et pieuse de Königsberg, Emmanuel Kant n'a presque jamais quitté sa région natale de Prusse-Orientale. Formé aux sciences et à la philosophie à l'université, il est d'abord précepteur afin de subvenir à ses besoins à la mort de son père. Sa carrière professionnelle est assez lente : il devient enseignant en 1755 et professeur titulaire d'université seulement en 1770. C'est à l'âge de soixante ans qu'il publie la *Critique de la raison pure*. Elle lui confère une grande renommée à travers l'Europe. En dépit de sa célébrité, Kant ne change rien à son emploi du temps minutieusement réglé. Il écrit, enseigne et déjeune à heures fixes. Mais Kant n'est pas un solitaire : il reçoit régulièrement ses amis, goûte leur conversation et correspond avec eux à travers toute l'Europe. Toute sa vie, Kant lit énormément. Il écrit sur des domaines variés : géographie, droit, esthétique, etc. Il est aussi profondément inspiré par la physique de Newton. Il s'éteint en 1804, en s'exclamant : « C'est bien. »

Pour Kant, la philosophie est consacrée à trois questions essentielles : que puis-je savoir ? Que dois-je faire ? Que m'est-il permis d'espérer ?

La *Critique de la raison pure* répond à la première interrogation. La conception kantienne de la connaissance incite notre esprit à limiter ses ambitions. Selon Kant, notre pouvoir de connaître n'est pas infini et notre raison ne peut pas tout. Toutefois, nous ne devons pas renoncer à atteindre des connaissances exactes car la vérité n'est pas inaccessible aux hommes.

La morale répond à la deuxième question : que dois-je faire ? Dans une série d'ouvrages dont *Critique de la raison pratique* est le plus connu, Kant entreprend de débarrasser la morale des préoccupations qui lui sont étrangères : la poursuite du bonheur, la recherche de la perfection et la quête du bien suprême. Selon Kant, un moraliste n'a pas pour mission d'apprendre aux hommes à être heureux, à développer leurs talents ou à atteindre le bien absolu.

Selon Kant, la morale a pour seul fondement le principe de devoir. La fonction du moraliste est de clarifier ce que la conscience morale de tout un chacun sait confusément. Nous sommes tous capables de bonne volonté. Dans une situation difficile, nous savons tous ce que nous devons faire, même si ce n'est pas dans notre intérêt. Il revient au philosophe d'affermir ces intuitions morales pour dégager des règles d'action claires et solides.

Kant aborde l'amitié comme une question de morale. L'amitié est envisagée sous l'angle du devoir. De façon classique, il cherche quels sont les devoirs des amis les uns envers les autres. Mais il pose aussi une autre question, plus originale : l'amitié est-elle un devoir ? Autrement dit : ai-je l'obligation d'avoir des amis ? Les devoirs des amis sont pourtant bien différents du devoir d'amitié.

L'amitié, entre l'universel et le particulier

Pour Kant, il n'existe pas une seule forme d'amitié authentique. L'amitié est protéiforme. Kant identifie trois grands types d'amitié. Il les distingue en fonction de ce qui réunit les amis : de bonnes intentions, des goûts partagés ou bien des intérêts communs.

L'union des bonnes volontés

L'amitié basée sur l'intention bonne est la forme supérieure de l'amitié. Qu'est-ce que cette amitié d'intention ? Ce qui réunit les amis, c'est une même volonté de faire le bien de façon non intéressée. L'union des amis naît d'intentions morales altruistes identiques chez les personnes en question. Par exemple, deux collègues de travail qui font preuve d'un véritable dévouement l'une pour l'autre, sans attendre en retour une promotion ou une bonne réputation, sont unies par une amitié d'intention. Pour Kant, celle-ci est :

« la forme universelle de l'amitié[1] ».

Pourquoi Kant affirme-t-il que cette amitié est « universelle » ? Étant donné la rareté de la bonne volonté, l'amitié d'intention n'est-elle pas plutôt la forme la moins répandue d'amitié et donc la moins universelle ? Ce qui est universel dans cette amitié, c'est qu'elle peut servir de modèle à tous les êtres humains, quelles que soient leurs préférences personnelles. L'union des bonnes volontés est le modèle de l'amitié. Même si elle n'est pas la seule forme d'amitié…

Amitiés de besoin et amitiés de goût

Kant considère d'autres types de relations comme de véritables amitiés : les solidarités fondées sur l'intérêt ou encore les affections reposant sur des affinités personnelles. La proximité des alliés politiques est de nature amicale. Il s'agit d'une « amitié de besoin ». « L'amitié de goût » est différente. Elle réunit des amis qui partagent les mêmes préférences. Ce qui rapproche ici les amis, ce sont les singularités de leurs personnalités. Si l'intérêt et les goûts sont distincts et peuvent même entrer en contradiction, l'amitié de besoin n'exclut pas une évolution vers l'amitié de goût.

Don Quichotte et Sancho Panza

Dans son roman *L'Ingénieux Hidalgo Don Quichotte de la Manche* (1605), Cervantès met en scène une amitié fondée sur le besoin. Pour devenir un véritable chevalier errant, Don Quichotte a besoin d'un écuyer. C'est une question de prestige. Et, pour sortir de la misère, Sancho Panza a, lui, besoin d'un bienfaiteur et d'un maître. C'est une question de nécessité. Leur union utilitaire, à force de pérégrinations et d'aventures, évolue dans la deuxième partie du roman (1615). Don Quichotte et Sancho Panza

---

1. *Leçons sur l'éthique*, traduction L. Langlois, Le livre de poche, Paris, 1997, p. 346.

développent une bienveillance mutuelle. L'amitié de besoin cède la place à une certaine amitié de goût.

Toutes les amitiés ne se valent pas

Pour Kant, les amitiés basées sur le besoin et le goût ne constituent pas de « fausses amitiés ». De façon peut-être inattendue, il est assez loin d'une morale rigoriste qui considérerait comme « amitiés » uniquement les formes les plus pures et les plus désintéressées des affections humaines. Kant accepte la diversité des amitiés. Mais il les hiérarchise car toutes les amitiés ne se valent pas.

Ni les « amitiés de besoin » ni les « amitiés de goût » ne peuvent servir de modèles aux autres hommes. Elles dépendent des circonstances, des préoccupations et des personnalités. Elles sont particulières et relatives. La bonne volonté qui unit les amis d'intention est, quant à elle, indépendante des circonstances. Être résolu à bien agir, quelles que soient les circonstances, quels que soient ses besoins et quelles que soient ses préférences, voilà le propre de la bonne volonté. Cette communauté d'intention est universelle dans un double sens : indépendante des particularités des amis, elle peut être donnée en modèle à tous les hommes.

Entre amitié de besoin, amitié de goût et amitié d'intention, il y a toute la différence qui sépare le relatif et l'absolu, la préférence et la bonne volonté, le particulier et l'universel.

Un équilibre entre l'amour et le respect

L'amitié, une question de morale

Pour Kant, l'amitié doit être envisagée du point de vue de la morale. De façon significative, il étudie et évalue l'amitié dans un texte qu'il intitule *Doctrine de la vertu*. Faire une analyse poétique, psychologique ou historique de l'amitié, ce serait manquer sa portée véritable. Il faut l'examiner pour savoir comment elle peut contribuer à l'affirmation de notre bonne volonté.

Kant fait preuve d'une certaine ironie à l'égard de la célébration littéraire de l'amitié :

> « *L'amitié conçue comme réalisable dans sa pureté ou sa perfection (entre Oreste et Pylade, Thésée et Pirithoüs) est le cheval de bataille des auteurs de roman*[1]. »

Pour Kant, la morale a pour objet d'énoncer des obligations sous forme d'impératifs. La morale n'a pas pour vocation de nous aider à être heureux. Elle a pour fonction de clarifier ce que nous devons faire. Et l'amitié entre dans le champ de la morale parce qu'elle fait elle-même l'objet de prescriptions. La morale doit nous indiquer quels sont nos devoirs envers nos amis. L'essentiel est pour Kant de mettre en évidence la relation entre amitié et moralité.

Le moraliste énonce deux grands types d'obligations : les obligations envers soi-même et les obligations envers autrui. Mes devoirs envers autrui sont eux-mêmes de deux types : devoirs d'amour et devoirs de respect.

Devoirs envers soi-même et devoirs envers autrui

Préserver sa propre dignité (en refusant par exemple de s'humilier devant ses supérieurs hiérarchiques) est une obligation envers soi-même. Ne pas mentir à ses amis est un devoir envers autrui. La bienveillance est un des devoirs d'amour alors que la discrétion est un devoir de respect. Ne pas être trop dur avec ses proches est un devoir d'amour envers les autres. Mais garder un secret confié par un intime est une obligation de respect envers autrui.

La position de Kant ne va pas de soi. Si on pense que l'amitié est un des « plaisirs de l'existence », on ne la considère pas principalement comme une question de morale mais comme un agrément psychologique ou matériel.

---

1. *Métaphysique des mœurs*, traduction Alain Renaut, Flammarion, coll. « GF », Paris, 1994, tome II, *Doctrine de la vertu*, §§ 46-47, p. 342.

Une définition originale de l'amitié

Kant place l'amitié comme au confluent des devoirs d'amour et des devoirs de respect envers autrui. Il souligne cette double dimension dans sa définition de l'amitié :

> *« L'amitié (considérée dans sa perfection) est l'union de deux personnes par un même amour et un respect réciproque[1]. »*

Cette définition est si classique en apparence qu'elle peut sembler banale : l'amitié parfaite lie deux personnes, est réciproque et est faite d'affection et de respect. Pourtant, la définition kantienne tranche avec plusieurs conceptions de l'amitié.

Première originalité, Kant n'oppose pas l'amitié à l'amour. L'amitié n'est pas séparée de l'amour mais l'englobe comme le tout comprend la partie. Par exemple, l'amour conjugal peut être aussi une relation amicale.

Deuxième originalité, l'amitié est un point d'équilibre entre respect et amour, entre distance et rapprochement. L'amitié parfaite selon Kant ne conduit pas à la fusion entre amis. Les amis doivent trouver le bon équilibre entre effusions et réserve, entre distance et proximité.

L'amitié est un devoir

L'amitié est un idéal

Kant donne à l'amitié ainsi entendue une valeur morale de premier plan :

> *« Elle est un idéal de sympathie et de communication concernant le bien de chacun de ceux qui sont unis par la volonté moralement bonne[2]. »*

---

1. *Ibidem*, p. 342.
2. *Ibidem*, p. 342.

Kant érige l'amitié en « idéal ». Autrement dit, il considère que cette forme de relation peut servir d'instrument de moralité. Chez Kant, l'idéal est à la fois un critère de jugement et un modèle d'action.

L'amitié est un « idéal » au sens de « critère de jugement » : l'amitié parfaite sert à évaluer les différentes relations amicales qui unissent les hommes. Si elles s'en écartent, c'est qu'elles sont moralement moins louables. Par exemple, la solidarité entre membres d'une même entreprise est moralement moins louable qu'une relation désintéressée : elle unit des intérêts légitimes mais non pas des bonnes volontés. Je ne travaille pas aux succès de mon entreprise par devoir moral mais par intérêt bien compris.

L'amitié est aussi un « idéal » au sens de « source de prescriptions » : je dois m'efforcer de développer une amitié fondée sur une communauté d'intentions bonnes. Par exemple, je dois considérer mes compagnons de travail non pas seulement comme des alliés dans la lutte syndicale mais aussi comme des êtres dignes d'estime en eux-mêmes. C'est à ce titre que l'amitié est un idéal moral :

> *« L'amitié entre les hommes constitue un devoir*[1]*. »*

L'originalité de Kant apparaît ici à plein. Comme beaucoup d'autres penseurs, Kant soutient que l'amitié crée entre les amis des obligations : ne pas se mentir, se prêter assistance, rester fidèle même dans les circonstances les plus difficiles. Mais il va bien plus loin : l'amitié elle-même est un devoir. Autrement dit, j'ai l'obligation d'avoir des amis et non pas seulement des associés, des coreligionnaires ou des camarades de sport. La thèse est paradoxale car l'amitié comme affection ne se commande pas nécessairement. Comment pourrais-je m'imposer, au nom de la morale, d'avoir des amis ?

---

1. *Ibidem*, p. 343.

L'amitié pour le bonheur ou par devoir ?

Kant donne une haute valeur à l'amitié à la suite de bien d'autres philosophes. Mais ce n'est pas pour les mêmes motifs. Il ne nous invite pas à nous faire des amis afin d'être plus heureux (ou moins malheureux). Il ne nous recommande pas l'amitié comme un moyen de développer nos talents ou pour assouvir nos goûts.

Kant nous assigne un devoir d'amitié parce que celle-ci a une valeur morale en elle-même. Il faut avoir des amis non pas pour se mettre à l'abri du besoin ou passer des vacances agréables mais parce que l'amitié véritable coïncide avec la volonté de faire le bien de façon altruiste. En langage kantien, le devoir d'amitié fait l'objet d'un « impératif catégorique » et non pas seulement d'un « impératif hypothétique ».

Kant est le créateur de concepts philosophiques innovants qui peuvent sembler obscurs. La différence entre impératif hypothétique et impératif catégorique est de ceux-là. De prime abord, elle peut sembler difficile et technique. Mais elle distingue deux grandes façons d'envisager ses décisions et ses actions. Quand j'ai une décision à prendre, je peux me tracer deux lignes de conduite : soit je fais une action parce qu'elle a une valeur absolue en elle-même, soit j'opte pour une action parce qu'elle me permet d'atteindre un bien différent de cette action elle-même.

Pourquoi je refuse de mentir

Soit je m'abstiens de mentir parce que la vérité a une valeur en soi. Soit je m'abstiens de mentir parce que je crains d'être puni pour mon mensonge. Refuser de mentir par principe, c'est obéir à un impératif catégorique : « Ne mens pas, c'est ton devoir ! » Refuser de mentir par peur des conséquences découle d'un impératif hypothétique : « Ne mens pas sinon tu souffriras ! »

Kant résume ainsi la différence entre les deux types d'impératifs :

> « *Si l'action n'est bonne que comme moyen pour quelque autre chose, l'impératif est hypothétique ; si elle est représentée comme bonne en soi, alors l'impératif est catégorique*[1] *?* »

Cette distinction entre impératifs s'illustre dans la différence entre amitié intéressée et amitié moralement bonne. Imposer aux hommes comme devoir de développer une amitié fondée sur une communauté des altruismes se formule dans un impératif catégorique : « Développe une amitié fondée sur des intentions bonnes ! » Assigner aux hommes comme maxime de conduite d'avoir des amis pour être plus heureux se formule dans un impératif hypothétique : « Aie des amis pour être heureux ! » L'amitié désintéressée a une valeur en elle-même alors que l'amitié intéressée a une valeur subordonnée à d'autres fins. L'amitié la plus haute est, pour Kant, une obligation morale et non pas un ingrédient du bonheur.

Un idéal mais pas une illusion

Le propos de Kant est profondément moral dans sa visée. Il n'est pourtant pas irréaliste ou idéaliste. L'amitié fondée sur une communauté d'intentions pures n'est pas courante :

> « *Cela dit, il est aisé de voir que l'amitié est une simple idée, certes impossible à atteindre effectivement, mais que tendre vers cet idéal (comme vers un maximum de la bonne intention réciproque) constitue un devoir imposé par la raison — un devoir qui assurément n'est pas ordinaire mais mérite d'être honoré*[2]. »

Les affections intéressées et donc moralement inférieures sont plus courantes que les autres. Kant le sait bien et il l'écrit ici.

---

1. *Fondements de la métaphysique des mœurs*, traduction Victor Delbos, Delagrave, Paris, 1992, p. 125.
2. *Métaphysique des mœurs*, édition citée, p. 343.

Mais il refuse de se résigner. Non ! Toutes les amitiés ne sont pas intéressées. Non ! Nous ne devons pas renoncer à rechercher et à louer le désintéressement en amitié. Certes, l'amitié parfaite, cette union des bonnes volontés est un idéal. Mais ce n'est pas une illusion.

Difficile amitié !

Kant ne se satisfait pas de définir l'idéal de l'amitié. Pragmatique, il analyse aussi les trois principales embûches qui se dressent souvent sur la route de l'amitié parfaite.

Un équilibre entre distance et respect

La première difficulté tient à la nature même de l'amitié parfaite. Synthèse entre amour et respect, l'amitié est un équilibre difficile à établir. La prédominance de l'affection peut nuire au respect, par exemple quand l'intimité mène à une familiarité excessive :

> *« Quand une des personnes se montre trop ardente en amour, ne perd-elle pas de ce fait quelque chose du respect de l'autre, en sorte que, des deux côtés, amour et estime parviennent difficilement d'un point de vue subjectif à trouver la bonne mesure de l'équilibre, ce qui pourtant est requis pour l'amitié[1] ? »*

Réciproquement, l'excès de respect peut nuire à l'affection car il instaure une distance peu compatible avec l'amitié.

Trop de distance empêche l'amitié

Dans le film *La Vie des autres* (2006), une relation inattendue et paradoxale se noue, dans le contexte de l'Allemagne de l'Est communiste, entre un écrivain tenté par la dissidence, Georg Dreyman, et l'agent de la police politique, Gerd Wiesler, chargé de le surveiller.

---

1. *Ibidem*, p. 343.

> Le policier observe l'écrivain à distance et finit par le sauver de la prison. Un respect et une bienveillance réciproques se nouent au fil de leurs relations. Toutefois l'admiration du policier pour l'écrivain instaure une distance telle qu'elle rend l'amitié impossible entre eux.

Toute la difficulté est de trouver un point d'équilibre entre l'attraction de l'amour et la distance du respect. Kant a pour modèle l'astronomie de Newton. Les planètes évoluent sur des orbites différentes. La distance et la proximité entre elles sont conservées par la composition de l'attraction et de la répulsion mutuelles :

> *« On peut envisager l'amour comme attraction, le respect comme répulsion, si bien que le principe du premier commande le rapprochement alors que celui du second ordonne que l'on se tienne à une distance convenable l'un de l'autre*[1]. *»*

La combinaison de l'amour et du respect est la source de prescriptions pour les amis. L'équilibre doit être conservé pour que l'amitié perdure. Il faut donc écarter tout ce qui pourrait rompre cet équilibre. L'intimité doit par exemple être limitée par une règle énoncée par Kant :

> *« Même les meilleurs amis ne doivent pas se montrer familiers entre eux*[2]. *»*

Quel défi pour les amis que de maintenir ce point d'équilibre entre deux excès : fusion intime et distance excessive !

Les incertitudes de la sincérité

La deuxième difficulté de l'amitié tient à la symétrie des affections. Affection respectueuse mutuelle, l'amitié a pour condition de possibilité la réciprocité et l'identité des intentions. Puis-je

1. *Ibidem*, p. 343.
2. *Ibidem*, p. 344.

vraiment devenir l'ami d'une personne pour laquelle j'ai un dévouement désintéressé mais qui n'a pour moi que bienveillance égoïste ou condescendance ? Le valet et le maître peuvent-ils être amis ?

Pour répondre à cette question, toute la difficulté est que l'ami ne peut que difficilement s'assurer de la réciprocité de ses dispositions chez l'objet de son amitié :

> « *Comment est-il possible à l'homme, dans son rapport avec son prochain, de parvenir à trouver l'égalité de chacun des éléments requis pour le même devoir (par exemple celui de la bienveillance réciproque) avec exactement chez l'un comme chez l'autre la même disposition d'esprit[1] ? »*

L'insincérité d'une amitié, la non-réciprocité du respect ainsi que l'impureté des intentions ne sont pas immédiatement données. Elles peuvent être révélées au fil du temps, quand l'ami me fait sentir que je suis inférieur à lui par exemple. Mais il est généralement trop tard quand cette asymétrie se révèle. Par exemple, j'apprends qu'un ami est insincère et déloyal une fois qu'il m'a trahi. Il est alors bien tard. L'ami bien intentionné fait alors l'amère expérience des difficultés de l'amitié.

Les risques de la franchise

La troisième difficulté concerne moins les débuts de l'amitié que sa conservation sur le long terme. Que doit-on faire quand on relève un défaut chez son ami ? Le premier mouvement de Kant est de recommander la franchise :

> « *Si l'on considère la question moralement, c'est assurément un devoir, pour un ami, que de faire remarquer à l'autre ses fautes ; car on le fait pour son bien et c'est donc un devoir d'amour[2]. »*

---

1. *Ibidem*, p. 344.
2. *Ibidem*, p. 345.

Toutefois, l'amitié se nourrit de franchise entre amis mais peut aussi périr par elle. D'un point de vue moral, je dois à mon ami de l'aider à se guérir de cette tendance. Mais je cours le risque de ruiner mon amitié et ainsi de mettre en péril le devoir d'amitié. Il s'agit d'un véritable dilemme de l'amitié :

> *« Mais ce qui est comme son autre moitié voit là un manquement au respect qu'il attendait de lui, et il imagine en tout cas que, dans l'esprit de son ami, il a déjà déchu[1]. »*

Faut-il être toujours franc avec ses amis ?

Dans la pièce de théâtre *Art* (1994), Yasmina Reza met en scène les risques de la franchise entre amis. Serge, un amateur d'art, vient d'acheter un tableau entièrement blanc pour une petite fortune. Il convie ses amis Marc et Yvan pour admirer l'œuvre d'art. Toute la difficulté est que les amis de Serge ne partagent pas son enthousiasme. Que doivent-ils faire ? Signifier leur désaccord, comme Marc, au risque de blesser Serge ? Ou le masquer comme Yvan, au risque d'être hypocrite ?

Pour finir...

Pour Kant, l'amitié est avant tout une question de morale. Toutefois il ne porte pas sur elle un regard rigoriste. Les amitiés intéressées sont elles aussi des amitiés. Leur valeur psychologique ou sociale ne doit pas être minorée. Mais leur valeur morale est inférieure. Son exigence morale n'incite pas Kant à adopter un point de vue désabusé sur l'amitié. Même si elle est un idéal difficilement atteignable, l'amitié véritablement désintéressée est possible :

> *« Cette forme d'amitié (l'amitié purement morale) n'est pas un idéal, mais (comme le cygne noir) elle existe réellement ici ou là dans sa perfection[2]. »*

---

1. *Ibidem*, p. 346.
2. *Ibidem*, p. 347.

C'est à ce titre que l'amitié véritablement altruiste peut faire l'objet d'un commandement moral.

Kant dépasse l'idée de devoirs entre amis. Il érige l'amitié elle-même en objet de devoir. Il passe des devoirs de l'amitié à l'amitié comme devoir.

Nietzsche :

l'ami,
par-delà l'ennemi
et l'amant

Pour commencer...

La vie de Nietzsche est ponctuée d'amitiés houleuses et de périodes de solitude profonde.

Friedrich Nietzsche naît en 1844 près de Leipzig, en Allemagne. Son père, un pasteur luthérien, meurt dès 1849. Nietzsche entame ses études au collège de Pforta dans lequel il se fait des amis pour la vie au sein de la jeunesse aristocratique prussienne. En 1868, il se lie d'amitié avec le compositeur Wagner, alors en pleine ascension. Cette amitié orageuse jouera un rôle important dans l'évolution du philosophe. En 1870, Nietzsche est nommé professeur de lettres classiques à l'université de Bâle et devient un des plus jeunes professeurs d'université d'Europe. Durant la guerre franco-allemande de 1870-1871, Nietzsche s'engage comme infirmier. Loin d'être un pangermaniste belliqueux, Nietzsche revient des hostilités convaincu que la fraternité des armes et la grandeur nationale sont des artifices de propagande.

Jusqu'en 1879, Nietzsche enseigne à l'université de Bâle. Mais une maladie – peut-être la syphilis – ruine sa santé et le contraint à une certaine solitude, qui le conduira plus tard à la folie puis causera sa mort. Nietzsche commence alors son activité d'essayiste et de pamphlétaire. Dans *Humain, trop humain*, il critique les idées qui dominent la culture européenne : supériorité de la raison sur les pulsions, croyance dans le libre arbitre, identification de la morale et de l'altruisme. Exposé au feu des critiques, Nietzsche n'est pas soutenu par son « ami » Wagner. Il en conçoit une certaine amertume.

Les années 1880 consacrent plusieurs ruptures : Nietzsche quitte l'université, prend ses distances avec l'Allemagne, rompt avec Wagner et s'éloigne de sa famille. Il erre entre la Suisse, l'Italie et la France, à la recherche d'un climat favorable à sa santé. C'est une décennie de profonde solitude. C'est aussi l'époque de sa plus grande créativité. Nietzsche écrit coup sur coup *Le Gai Savoir, Ainsi parlait Zarathoustra, Par-delà bien et mal* et *Généalogie de la morale*.

En 1889, c'est l'effondrement psychique et physique. Nietzsche vit alors isolé en Italie et écrit constamment. Le 3 janvier, il se jette au cou d'un cheval battu par un cocher et tombe dans le coma. Il est rapatrié par un ami de collège à Bâle, puis dans sa famille à Iéna. Jusqu'à sa mort, en 1900, Nietzsche n'est plus que l'ombre de lui-même : incapable de parler, d'écrire ou de s'exprimer, il survit chez sa sœur. Celle-ci met la main sur les manuscrits de Nietzsche, les falsifie et les met au service d'idéologues nazis. Pourtant, l'œuvre de Nietzsche n'est pas constituée de pamphlets au service de l'impérialisme, de l'antisémitisme ou du racisme. Éloignée des bons sentiments, elle constitue une critique profonde des principales thèses de l'éthique classique et de la morale judéo-chrétienne. En particulier, la valorisation de l'altruisme, du désintéressement, de la charité et de l'amitié sacrificielle fait l'objet de vives critiques de la part de Nietzsche.

Contre les idolâtres de l'amitié

Nietzsche philosophe à coups de marteau. Il a pour ambition d'examiner, d'ausculter et, éventuellement, de détruire les préjugés que les intellectuels vénèrent, autrement dit leurs idoles. Au seuil de son *Crépuscule des idoles*, il prévient :

> *« Ce petit écrit est une grande déclaration de guerre[1]. »*

L'amitié, elle aussi, fait partie des idoles que Nietzsche ausculte et déconstruit. Dans le domaine de l'amitié, Nietzsche est en rupture avec la plupart des philosophes.

Contre les distinctions traditionnelles

Nietzsche critique la vénération de la concorde, de la sociabilité et de l'altruisme dans les relations avec autrui. Pour Nietzsche, les oppositions classiques entre amitié et solitude, entre amitié et amour, entre amitié et hostilité sont artificielles.

---

1. *Crépuscule des idoles,* traduction Éric Blondel, Hatier, Paris, 2001, p. 7.

Pour connaître une amitié accomplie, il n'est pas nécessaire d'éviter systématiquement la solitude, la passion amoureuse, les relations physiques, le conflit ou encore l'affirmation de soi. La pensée binaire ne permet pas l'épanouissement de la vie.

L'analyse de vie de couple témoigne des limites de cette approche classique par oppositions binaires.

La vie de couple défie les oppositions binaires

Songeons à la vie en couple. Elle mêle intimement plusieurs affections : sentiments amoureux, pulsions érotiques, attitudes amicales et même, des aspirations éthiques. Elle remet en cause les distinctions binaires.

Nietzsche ne récuse pas certains aspects positifs de l'amitié. Mais il se refuse à être un idolâtre inconditionnel et un admirateur béat de l'amitié.

Les vertus de la solitude

Ni mondanités ni solitude

Pour Nietzsche, deux préjugés symétriques doivent être évités : la recherche frénétique de la vie sociale et le culte de la solitude. Ni le mondain ni l'ermite ne peuvent être des modèles d'hommes accomplis. Ni l'amitié ni la solitude n'ont de valeur absolue. Aucune d'entre elles ne doit faire l'objet d'un commandement. Proclamer une règle de vie en la matière est vain : « vis avec tes amis pour devenir vertueux ! » ou « vis seul pour être sage ! ». Poser une alternative amitié *ou bien* solitude n'a pas de sens. L'élan vital combine les deux : amitié *et* solitude.

Le solitaire, le sage et l'artiste

Nietzsche prend le contre-pied de l'apologie de la vie en groupe. Pour se hisser au-dessus des croyances ordinaires, il faut savoir vivre temporairement en marge de la société humaine. Savoir supporter et cultiver la solitude permet de s'émanciper et de se hisser au-dessus de soi-même. Nietzsche place sa propre démarche sous le signe de la solitude libératrice :

> *« Qui sait respirer l'air de mes écrits sait que c'est un air des hauteurs, un air vif. [...] Les glaces sont proches, la solitude est immense — mais quelle paix enveloppe les choses dans la lumière[1] ! »*

Toute réflexion comporte un aspect de solitude, à l'écart des hommes et de la vie ordinaire. C'est ce qui place le philosophe à la frontière entre l'humain et le divin :

> *« Pour vivre seul, il faut être une bête ou un dieu — selon Aristote. Il n'a pas pensé à la troisième possibilité, il faut être les deux à la fois — philosophe[2]. »*

La solitude nous permet de prendre du recul sur notre existence, de nous dégager des idées toutes faites et, finalement, d'accroître notre liberté souvent rognée par la vie en société.

Descartes et la solitude du doute

Dans le *Discours de la méthode* (1637), Descartes entend se dégager des préjugés des scientifiques et des philosophes. Il use de la solitude pour douter méthodiquement des idées qu'il avait jusqu'ici tenues pour vraies et trouver ainsi un critère de vérité solide. Il écrit : « Je demeurais tout le jour enfermé seul dans un poêle où j'avais tout le loisir de mes pensées[3]. »

---

1. *Ecce homo*, traduction Éric Blondel, Flammarion, coll. « GF », Paris, 1992, préface, § 3, p. 49.
2. *Crépuscule des idoles*, Maximes et pointes, § 3, édition citée, p. 8.
3. René Descartes, *Discours de la méthode* (1637), Gallimard, coll. « Folio Essais », Paris, 1981, p. 85.

Cultiver la solitude n'est pas l'apanage du sage. S'élever seul au-dessus du commun des hommes est le réflexe de tout homme exceptionnel :

> « *Tout homme hors du commun aspire instinctivement à sa citadelle et à sa retraite secrète où il soit délivré de la foule, du grand nombre, de la majorité[1].* »

L'homme de haute valeur a besoin de la solitude pour façonner une œuvre, une pensée ou un mode de vie d'exception. La solitude est un réflexe d'aristocrate, c'est-à-dire, au sens strict du terme, une tendance de celui qui cherche à donner une forme supérieure à son existence. Pour se perfectionner, il est nécessaire de s'isoler au moins temporairement.

Les risques de la solitude

Même pour l'artiste, le grand homme et le philosophe, la solitude n'a pas de valeur absolue. Elle comporte elle aussi des risques : elle peut dégénérer en rumination pleine de ressentiment. Le penseur toujours solitaire peut s'aigrir et perdre l'élan libérateur :

> « *Ces bannis de la société, ces persécutés perpétuels, cruellement pourchassés [...] finissent toujours par devenir [...] des assoiffés de vengeance et des empoisonneurs raffinés[2].* »

Faisons la différence entre la « bonne solitude » et la « mauvaise solitude ». La bonne solitude comprend des relations amicales.

---

1. *Par-delà bien et mal*, traduction Patrick Wotling, Flammarion, coll. « GF », Paris, 2000, § 26, p. 76.
2. *Ibidem*, § 25, p. 75.

C'est celle des hommes de valeur vivant entre eux. Voici ce que recommande Nietzsche :

> *« Faites le choix de la bonne solitude, la solitude libre, malicieuse, légère, celle qui vous donne le droit de demeurer bons[1]. »*

La solitude ne doit avoir qu'un temps. Elle met, en effet, l'individu à rude épreuve. Le débat intérieur du sage plongé dans la méditation instaure en son propre sein une véritable guerre entre lui et lui-même. Le solitaire qui médite est exposé à la folie. Nietzsche décrit ainsi un risque d'éclatement de l'ermite en proie à la « mauvaise solitude » :

> *« J'ai toujours auprès de moi une présence importune, pense le solitaire. Toujours une fois un, cela finit par faire deux à la longue. Je et Moi sont engagés dans un dialogue trop véhément[2]. »*

L'ami, passerelle vers la vie

L'ami sauve le solitaire des risques de la solitude. Il joue le rôle d'un arbitre qui réconcilie les parties en présence dans le débat intérieur du solitaire. Nietzsche marque ainsi l'irruption de l'ami dans la solitude qui tourne à l'isolement :

> *« Comment serait-ce supportable, s'il n'y avait l'ami ? Pour le solitaire, l'ami est toujours un tiers ; le tiers est le flotteur qui empêche le dialogue des deux de sombrer aux abîmes[3]. »*

L'originalité de Nietzsche en matière d'amitié est ici manifeste. L'ami idéal, selon Nietzsche, n'est ni un double ni un autre soi-même. Le solitaire est déjà en dialogue avec lui-même. Il a déjà

---

1. *Ibidem*, § 25, p. 75.
2. *Ainsi parlait Zarathoustra*, traduction G. Bianquis révisée, Flammarion, « GF », Paris, 1996, p. 95.
3. *Ibidem*, p. 97.

un double intérieur. Il n'a pas besoin de l'ami comme double avec qui méditer. La solitude est première, la méditation est seconde et l'amitié vient en troisième.

Mais alors, pourquoi ce besoin d'ami ? L'ami ne vient pas combler une imperfection. L'ami n'est pas non plus celui qui m'éveille à moi-même. L'ami est plutôt celui qui vient apaiser l'effort intérieur de l'esprit libre. L'esprit libre est en proie à un débat intérieur intense qui scrute l'abîme. L'ami est celui qui lui permet de rester au-dessus de l'abîme, de flotter. Il y a de la légèreté dans l'ami. L'ami est celui qui permet au solitaire méditant et discutant avec lui-même de surnager et de ne pas sombrer. Nietzsche considère l'ami comme un remède aux vertiges de la méditation et ancre son ami dans la vie quotidienne.

L'ami contre le vertige de la méditation

Si je suis habité par une réflexion, je peux être livré à moi-même dans la solitude. L'ami est celui qui interrompt la spirale de mon obsession. Il m'emmène boire un verre ou faire un tour. Me voici tiré hors de moi-même, rendu à la ville et aux distractions banales de la rue, des bars… La distraction est ici salutaire. L'ami me rend à la vie en me permettant de m'oublier un instant moi-même.

De l'amour à l'amitié

L'amant et l'ami

De même qu'il critique l'opposition entre solitude et amitié, Nietzsche nous invite à critiquer la séparation traditionnelle entre amour et amitié. Il rend ainsi possible de considérer la même personne comme un ami et comme un objet d'amour.

Ou bien l'amour ou bien l'amitié ?

Pour les moralistes du Grand siècle comme La Bruyère, on ne peut être à la fois amoureux et ami de la même personne : « L'amour et l'amitié s'excluent l'un l'autre[1]. ». Ces affections sont différentes par leur nature et leur intensité : « L'amour qui croît peu à peu, par degrés, ressemble trop à l'amitié pour être une passion violente[2]. » Entre amour et amitié, la tradition dresse une alternative.

Pour Nietzsche, l'amitié peut être placée dans la continuité de l'amour. Nietzsche décrit ainsi la dynamique qui fait qu'on prolonge l'amour dans l'amitié :

> *« Il y a bien çà et là sur terre une espèce de prolongement de l'amour dans lequel cette aspiration avide qu'éprouvent deux personnes l'une pour l'autre fait place à un désir et à une convoitise nouvelle, à une soif supérieure et commune d'idéal qui les dépasse : mais qui connaît cet amour ? Son véritable nom est amitié[3]. »*

Dans ses relations avec autrui, on ne choisit pas, comme à un carrefour, soit la voie de l'amour soit celle de l'amitié. Face à autrui, on ne se demande pas si on veut en faire son ami ou son amant. L'amour est une étape de la voie qui peut éventuellement mener à l'amitié. L'amitié est, elle aussi, un désir. Elle aussi comporte une certaine violence. Ce qui distingue l'amour et l'amitié, ce n'est pas la modération du désir. Ce qui les distingue, c'est l'objet de la convoitise. Dans l'amitié, un troisième terme apparaît : un idéal poursuivi en commun.

L'amitié, les sentiments et le sexe

Nietzsche décrit des relations complexes entre amour et amitié. L'amitié a plusieurs caractéristiques identiques à celles de l'amour. Ce qui sépare amour et amitié, ce n'est pas la dimension sexuelle. Il n'y a pas d'alternative entre les sentiments entre femmes et

---

1. La Bruyère, *Les Caractères,* Le livre de Poche, Paris, 1985, Du cœur, § 4, p. 100.
2. *Ibidem*, § 13, p. 100.
3. *Le Gai Savoir*, traduction Patrick Wotling, Flammarion, « GF », Paris, 2007, livre I, § 14 « Tout ce que l'on appelle amour », p. 75.

hommes qui seraient nécessairement amoureux et les sentiments entre hommes ou entre femmes qui seraient nécessairement amicaux. L'amour et l'amitié ne se distinguent pas par le sexe des personnes engagées dans la relation, par la violence du sentiment ou bien par l'existence d'une dimension sexuelle. L'amour et l'amitié se distinguent par la qualité du type de désir :

> *« Toutes les passions ont un temps où elles ne sont que funestes, où, de tout le poids de la bêtise, elles tirent leur victime vers le bas, et un autre, plus tardif, beaucoup plus tardif, où elles se marient avec l'esprit, se spiritualisent[1]. »*

Nietzsche récuse l'idée d'une guerre entre les sentiments terrestres et corporels, d'une part, et les affections célestes et spirituelles d'autre part. Il y a une continuité entre amour et amitié, entre désir et amitié et entre sexualité et amitié. Les seules différences éclairantes, en matière d'affection, ne portent pas sur le sexe des personnes ainsi unies mais sur l'épuration de leurs sentiments.

Le meilleur ennemi et le pire ami

Amitié et hostilité

Nietzsche nous invite à examiner puis à déconstruire une troisième idole : l'opposition entre ami et ennemi. Pour lui, toute amitié comporte une certaine hostilité et, réciproquement, l'hostilité comporte une dimension amicale.

Songeons un instant aux relations avec nos amis les plus proches, au travail ou dans la sphère privée, dans le domaine politique ou dans le milieu associatif. Ne sommes-nous pas aussi en situation de rivalité, à certains moments, avec plusieurs de ces amis ? Ne sommes-nous pas en désaccord et même en débat avec eux ? Cessons-nous pour autant d'être amis ? La rivalité, la divergence

---

1. *Le Crépuscule des idoles,* « La morale, une anti-nature », § 1, édition citée, p. 32.

et même une certaine agressivité ne sont pas absentes des grandes amitiés. Pour Nietzsche, toute amitié est aussi une hostilité.

Ennemis et amis en même temps ?

Les adversaires d'un duel à mort ont de l'hostilité l'un pour l'autre. Mais ils peuvent en même temps éprouver certaines affections de type amical. Le film *Point Break* (1991), de Bigelow, souligne l'ambivalence des rapports entre le chef d'une bande de braqueurs de banques et le policier chargé de l'arrêter. Leur opposition emprunte de nombreux traits à l'amitié : chacun éprouve le besoin de faire reconnaître sa dignité par l'autre, l'admiration est réciproque et l'attirance physique fortement suggérée. Et leur lien est si fort qu'ils se sauvent plusieurs fois la vie l'un à l'autre. Ils sont amis et ennemis en même temps.

Du conflit à l'amitié

La tension, les divergences et même la lutte sont des dimensions fondamentales de la vie humaine. Pour Nietzsche, l'identité personnelle se définit autant par les conflits que par les affinités. Ainsi, la relation à l'autre peut avoir pour première dimension l'hostilité. Se poser comme l'ennemi de quelqu'un, c'est en effet lui accorder une certaine dignité. L'hostilité suppose, comme l'amitié, une certaine égalité entre les personnes qui l'éprouvent. C'est le mépris et non l'agressivité qui détruit l'amitié et l'égalité qu'elle suppose. Pour Nietzsche, l'hostilité peut même être une manifestation indirecte de l'amitié :

> « *Sois à tout le moins mon ennemi ! — ainsi parle le véritable respect qui n'ose solliciter l'amitié[1].* »

La frontière entre ami et ennemi se trouve ainsi brouillée : égalité, dignité, respect et même admiration mutuelle unissent aussi bien les ennemis que les amis.

---

1. *Ainsi parlait Zarathoustra*, édition citée, p. 95.

Le meilleur ami et l'ennemi le meilleur

Nietzsche pousse le paradoxe plus loin. Non seulement avoir un ennemi est indispensable pour affirmer sa personnalité : je me pose en m'opposant. Mais il faut même porter son hostilité sur son ami. Il y a tellement d'affinité entre hostilité et amitié qu'il faut aussi considérer son ami comme son ennemi. C'est dans ces termes que Nietzsche présente l'amitié comprenant une dimension d'hostilité :

> *« Il faut honorer dans son ami, l'ennemi même. Peux-tu venir tout près de ton ami sans passer dans son camp ? Il faut avoir dans son ami son meilleur ennemi. C'est en lui résistant que tu seras le plus près de son cœur[1]. »*

Nietzsche récuse ici l'idéal d'une amitié-fusion. Avec son ami, il faut conserver une certaine distance. Il faut éviter de « passer dans son camp » et de former un seul et même être. Débattre avec lui, se confronter à lui, entrer en tension avec lui permet de lui donner une estime et une considération plus grandes. S'opposer à son ami est une façon de l'honorer davantage et donc de mieux mériter son amitié. Le meilleur ami est aussi l'ennemi le meilleur.

Holmes et Watson sont-ils vraiment amis ?

La relation entre Sherlock Holmes, le célèbre détective de Conan Doyle, et son acolyte, le Dr. Watson, est-elle véritablement amicale ? On peut considérer qu'il lui manque une dimension d'hostilité et de respect pour être telle. Le Dr. Watson est traité par Sherlock Holmes comme le chroniqueur de ses exploits et le benêt de service, voire comme le « gros bras » de l'action. Il n'est jamais l'égal ou le rival de Holmes. Ainsi, dans *Une étude en rouge* (1887), Watson est le simple spectateur qui répertorie les exploits de Holmes sans les comprendre. Dans *Le Chien des Baskerville* (1901), Watson est même manipulé par Holmes pour le bien de son enquête. La

---

1. *Ibidem*, p. 95.

soumission admirative de l'un et la condescendance professorale de l'autre s'expriment dans la formule « élémentaire, mon cher Watson ». Elle rend l'amitié entre eux bien problématique.

Aimer ses ennemis ?

S'il faut donner à son ami l'estime qu'on porte à son ennemi, l'inverse est-il vrai ? Faut-il considérer l'ennemi aussi comme un ami d'un certain type ? Faut-il donc aimer ses ennemis ?

Pour Nietzsche, il faut distinguer la haine et l'hostilité. La haine est un sentiment qui souhaite la destruction de son objet, alors que l'hostilité est une affection qui utilise la lutte comme moyen d'affirmer sa propre dignité en même temps que celle de son ennemi. La haine est incompatible avec l'amitié alors que l'hostilité comprend des traits communs avec l'amitié. Le haineux vise à déprécier l'ennemi. Il le transforme en monstre. L'homme du ressentiment est incapable de considérer son ennemi sans haine.

L'homme noble a une relation bien différente à son ami. L'ennemi n'est pas haï. Il est estimé, apprécié et même, dans une certaine mesure, aimé.

> *« Ne pouvoir prendre longtemps au sérieux ni ses ennemis, ni ses échecs, ni même ses propres méfaits — voilà le signe des natures fortes et accomplies [...]. Le véritable amour de ses ennemis n'est possible qu'ici*[1]*. »*

Nietzsche ne se fait pas chrétien. L'amour de l'ennemi prôné par Nietzsche n'est pourtant pas l'amour du prochain qui enjoint d'aimer jusqu'à ses ennemis. L'amour pour l'ennemi ne consiste pas à lui pardonner ou à se réconcilier avec lui. L'amour pour l'ennemi est une affection respectueuse qui n'exclut pas la lutte :

> *« Combien profond est le respect que porte à ses ennemis l'homme noble ! Et un tel respect est déjà un pont vers*

---

1. *Généalogie de la morale*, Première dissertation « Bon et méchant », « Bon et mauvais », § 10, p. 36.

l'amour... L'homme noble exige que son ennemi lui soit comme une distinction, il ne supporte pas d'autre ennemi que celui chez qui il n'y a rien à mépriser et beaucoup à vénérer[1]. »

Pour finir...

Nietzsche annonce le crépuscule des idoles de l'amitié. Il renverse quatre distinctions classiques : l'alternative entre solitude et amitié, la séparation entre amour et amitié, l'exclusion mutuelle entre sexualité et amitié ainsi que l'incompatibilité entre amitié et hostilité.

L'idée qu'on se fait de l'ami (et de l'amitié) est bouleversée. Au point que son portrait peut sembler brouillé : l'ami le meilleur est aussi, dans une certaine mesure, une entrave à la solitude créatrice, un être si cher qu'il est passionnément aimé, un objet de désir ardent ou encore un « meilleur ennemi ».

Étrange ami que cet ami nietzschéen pensé par-delà amour et hostilité, par-delà intimité et distance, par-delà affection et rivalité !

---

1. *Ibidem*, p. 36.

Beauvoir :

l'amitié pour libérer les femmes

Pour commencer...

Dans sa vie, dans son œuvre et dans son action publique, Beauvoir affirme que les femmes peuvent bâtir avec les hommes – mais aussi entre elles – des relations authentiquement amicales sans renoncer à leur autonomie. Créer de véritables amitiés qui développent la liberté, voilà une des conditions de l'émancipation féminine.

Simone de Beauvoir naît à Paris, en 1908, dans une famille de la bourgeoisie cultivée. Élève d'une école catholique, le cours Désir, elle s'y lie d'amitié avec Élisabeth Lacoin, surnommée « Zaza ». Cette première expérience de l'amitié est déterminante :

> *« Sans doute était-ce mon amitié pour Zaza qui me faisait attacher tant de prix à l'union de deux êtres*[1]. *»*

En 1928, Beauvoir prépare l'agrégation de philosophie et rencontre Sartre. Dès cette époque et durant toute sa vie, elle entretient avec lui des relations d'amour et d'amitié mais aussi de désaccord et de rivalité. Attachée à sa liberté personnelle, économique et intellectuelle, Beauvoir refuse de se marier avec Sartre. Ils concluent un « pacte » qui n'exige pas l'exclusivité sentimentale ou sexuelle. Elle développe une activité philosophique, littéraire et politique autonome. Professeur de philosophie de 1930 à 1943, elle enseigne à Marseille, Rouen et Paris. Elle noue des relations amoureuses avec certaines de ses élèves. Mais, pour elle, ces amours sont « contingentes » par différence avec « l'amour nécessaire » de Sartre.

À partir de 1945, Beauvoir voyage en Chine, aux États-Unis et à Cuba. Elle rencontre Mao Zedong et Fidel Castro. Avec *Le Deuxième Sexe*, publié en 1949, elle gagne une notoriété mondiale. Ce manifeste féministe est un ouvrage à succès. Mais l'essai fait aussi scandale : il est mis à l'index par le Vatican. Beauvoir y présente une analyse très critique de la situation économique, éducative et sexuelle des femmes. Selon elle, il est nécessaire d'ouvrir des voies

---

1. *Mémoires d'une jeune fille rangée*, Gallimard, coll. « Folio », Paris, 1962, p. 199.

« vers la libération » des femmes, notamment en reconnaissant les droits à la contraception et à l'avortement. Son féminisme est un humanisme mais aussi un anticolonialisme, un anticapitalisme et un antiracisme.

Intellectuelle engagée et influente, Beauvoir est également une romancière et une mémorialiste très lue. Elle reçoit le prix Goncourt en 1954 pour *Les Mandarins* et publie un cycle autobiographique dont le premier volume est *Mémoires d'une jeune fille rangée*.

Tout au long de son existence, Beauvoir noue des relations intimes, passionnées et créatrices avec des femmes comme avec des hommes. Elle s'impose à la fois comme une des figures de proue du féminisme, comme une éminente intellectuelle et comme une philosophe existentialiste de premier plan.

L'amitié, une affaire d'hommes ?

En matière d'amitié, Beauvoir bouscule plusieurs idées reçues. L'amitié entre hommes et femmes serait illusoire. De plus, entre les femmes elles-mêmes, il n'y aurait que rarement de l'amitié. Cela découlerait de la nature profonde de la femme. Les femmes seraient des êtres d'amour, de désir, de mariage et de famille, etc. Mais, à quelques rares exceptions près, elles ne seraient pas des êtres d'amitié. Beauvoir conteste ces thèses pied à pied.

Non à « l'éternel féminin » !

Pour Beauvoir, l'incompatibilité proclamée entre amitié et féminité est un aspect de la « situation » de la femme dans le monde contemporain. Cette « situation » n'est pas naturelle. Elle découle de constructions sociales, culturelles et idéologiques qui dénient à la femme la liberté et la dignité des autres êtres humains :

> « *C'est l'ensemble de la civilisation qui élabore ce produit intermédiaire entre le mâle et le castrat qu'on qualifie de féminin*[1]. »

Beauvoir conteste l'existence d'un « éternel féminin », c'est-à-dire d'une nature éternelle de la femme. Elle développe ainsi une perspective profondément existentialiste. L'existentialisme commun à Beauvoir et à Sartre repose sur l'idée que les sujets humains – masculins et féminins– sont irrémédiablement libres. Pour les hommes comme pour les femmes, il faut cesser de considérer qu'une essence éternelle prédétermine leurs pensées, leurs actes et leurs affections. C'est un des sens fondamentaux de la célèbre formule « l'existence précède l'essence » :

> « *Qu'est-ce que signifie ici que l'existence précède l'essence ? Cela signifie que l'homme existe d'abord, se rencontre, surgit dans le monde, et qu'il se définit après. [...] L'homme n'est rien d'autre que ce qu'il se fait*[2]. »

L' « éternel féminin » est, lui aussi, une essence illusoire qui emprisonne les femmes. Pour Beauvoir, la femme ne se réduit pas à être une épouse, une dulcinée, une maîtresse ou une amante. Elle est aussi capable d'être pleinement une amie parce qu'elle est un sujet libre.

Des êtres d'amour, pas des êtres d'amitié ?

Dans les relations entre amitié et féminité ne se joue rien ne moins que l'association entre liberté, égalité et altérité. Dans ses essais comme dans ses romans, Beauvoir déconstruit les thèses sur la sociabilité et l'affectivité qui seraient typiquement féminines.

---

1. *Le Deuxième Sexe*, tome 2, p. 13.
2. Sartre, *L'existentialisme est un humanisme*, édition Nagel, Paris, 1976, p. 24.

Bien des intellectuels, comme l'écrivain Jules Renard, pensent que la relation affective entre hommes et femmes est biaisée par le désir :

> *« Entre un homme et une femme, l'amitié ne peut être que la passerelle qui mène à l'amour. »*

Si un homme et une femme s'entendent à merveille, se plaisent en compagnie l'un de l'autre et se veulent mutuellement du bien, leur amitié déboucherait nécessairement sur l'union sexuelle, la communauté de vie, la fondation d'une famille, etc.

Quand Harry rencontre Sally (1989), un film machiste ?

Une comédie sentimentale célèbre dans les années 1990 met en scène l'évolution des relations entre un homme et une femme de New York. Entre Sally et Harry, tout commence par une franche hostilité. Mais, suite à de multiples rebondissements dans leurs vies sentimentales respectives, une certaine complicité s'installe entre eux. Elle s'achève par un mariage. Le film illustre la thèse traditionnelle résumée dans le credo de Harry : « Entre hommes et femmes, il ne peut pas y avoir d'amitié parce que le sexe fait toujours barrage. »

La frontière tracée par le désir entre hommes et femmes, entre amour et amitié aurait deux conséquences. Première conséquence, l'amitié serait nécessairement une relation entre personnes du même sexe. Deuxième conséquence, l'amour serait par nature un lien entre personnes de sexes différents. Du point de vue de « l'éternel féminin », l'amour homosexuel est aussi inconcevable que l'amitié entre un homme et une femme.

La maîtresse, l'épouse et l'amie

L'amitié masculine aurait des caractéristiques bien différentes de l'amour féminin. Beauvoir analyse la philosophie de Montaigne en s'étonnant de la reproduction d'idées reçues chez un philosophe pourtant sceptique envers elles d'ordinaire. Le brasier bref, naturel, indomptable et intermittent du désir amoureux entre sexes différents serait distinct de l'amitié entre hommes :

> « *En l'amitié, c'est une chaleur générale et universelle, tempérée au demeurant et égale, une chaleur constante et rassise, toute douceur et polissure, qui n'a rien d'âpre et de poignant[1].* »

D'après cette métaphore filée, il y aurait une différence de nature et non pas seulement une différence de degré entre amour et amitié. Du côté de l'amitié, on trouverait l'estime, la modération, le contrôle, la rationalité, la constance, etc. Du côté de l'amour, on rencontrerait le désir, l'emportement, la passion, l'inconstance et l'intermittence.

Lancelot, Arthur et Guenièvre

Les romans de chevalerie médiévaux influencent profondément la conception occidentale des relations affectives. Dans *Lancelot ou le chevalier à la charrette* de Chrétien de Troyes, l'amour et l'amitié relèvent de deux univers différents. Entre le roi Arthur et le chevalier Lancelot, c'est de l'amitié ou de la rivalité, mais jamais de l'amour. Entre Lancelot et Guenièvre, c'est du désir, de l'amour mais jamais de l'amitié.

La séparation, entre affectivité masculine et affectivité féminine, est telle que l'amitié n'a pas non plus droit de cité dans la sphère matrimoniale. Par exemple, on peut s'étonner de voir Montaigne bannir l'amitié du mariage :

> « *Quant au mariage, outre que c'est un marché qui n'a que l'entrée libre [...] et marché qui ordinairement se fait à d'autres fins[2].* »

---

1. Montaigne, *Essais*, livre I, chapitre XXVIII, édition Maurice Rat, Gallimard, coll. « Bibliothèque de La Pléiade », Paris, 1959, p. 184.
2. *Ibidem*, p. 185.

La liberté de choix est plus réduite dans le mariage que dans l'amitié. Surtout, l'amitié n'a pour fin qu'elle-même alors que le mariage a des buts autres : perpétuation d'une lignée, transmission d'un patrimoine ou encore acquisition d'un statut social.

Dans une femme, un homme pouvait rechercher une maîtresse ou une épouse mais non pas une amie.

Échelle des sentiments et hiérarchie des sexes

Soutenir que l'amitié entre hommes et femmes est impossible, c'est imposer une double hiérarchie : entre affections (l'amitié est supérieure à l'amour) et entre sexes (les hommes sont supérieurs aux femmes). L'amour et le couple seraient des unions hétérosexuelles nécessairement inférieures à l'amitié. Le désir physique est bref et le mariage est non choisi. L'amitié est la seule affection à la fois durable et librement choisie. Plus rationnelle, plus maîtrisée et plus stable, l'amitié serait nécessairement une « affaire d'hommes ».

La femme, c'est l'Autre

Beauvoir déconstruit la « situation » féminine en mettant au jour ses racines métaphysiques. L'amitié est déniée à la femme parce que son statut de sujet libre et autonome est contesté.

La femme, un « être relatif » ?

Les relations entre hommes et femmes sont marquées par une distance presque infranchissable. La femme ne peut pas être l'Ami parce qu'elle est l'Autre c'est-à-dire le complètement différent :

> *« C'est là ce qui caractérise fondamentalement la femme :*
> *elle est l'Autre[1]. »*

La différence radicale de la femme l'empêcherait de nouer une relation d'égal à égal et de semblable à semblable avec l'homme. L'altérité est telle qu'elle rend l'amitié impossible. En quoi

---

1. *Le Deuxième Sexe*, tome 1, p. 22.

la femme est-elle si différente ? C'est que la femme n'est pas considérée comme un sujet autonome. Elle est l'Autre parce qu'elle se définit par rapport à l'homme, alors que l'homme se définit seul et par lui-même :

> *« Elle se détermine et se différencie par rapport à l'homme et non celui-ci par rapport à elle[1]. »*

La relation entre hommes est femmes n'est pas symétrique, mutuelle et réciproque. L'être humain par excellence, c'est l'homme. Il s'affirme lui-même comme sujet libre et autonome. Il ne trouve pas (ou prétend ne pas trouver) un pair dans la femme :

> *« Il est le Sujet, il est l'Absolu ; elle est l'Autre[2]. »*

La femme est définie toujours par rapport à un pôle masculin : elle est mère, sœur, épouse, idole, toujours pour un homme, son fils, son frère, son mari ou son amant. C'est en ce sens que la femme est « l'être relatif » : elle n'a pas d'existence par elle-même. Elle se définit et existe seulement par rapport au sujet véritable : l'homme autour duquel elle organise son existence.

Le désespoir des femmes au foyer

Dans sa première saison, la série télévisée *Desperate Housewives* illustre plaisamment une thèse de Beauvoir. Ses héroïnes sont engluées dans la condition féminine d'êtres relatifs. Elles se définissent comme « épouse de… », « mère de… », « maîtresse de… ». Elles ne conquièrent le statut de sujet autonome (moralement, économiquement, familialement, sexuellement, etc.) que difficilement. L'amitié qui lie ces « femmes au foyer » n'est sans doute pas étrangère à leur émancipation.

Dans la « réalité féminine » issue de la tradition, l'amitié entre homme et femme se heurte à un obstacle ontologique : un être

---

1. *Ibidem*, tome 1, p. 22.
2. *Ibidem*, tome 1, p. 17.

relatif et dérivé ne peut pas entretenir des relations de réciprocité avec un sujet absolu. Ainsi, la reconnaissance mutuelle de la dignité de l'un par l'autre n'est pas possible tant que perdure la réalité féminine traditionnelle. Tout se passe comme si la féminité montrait les limites de l'altérité au sein de l'amitié.

L'enfer, c'est les amis ?

Pour Beauvoir, les relations entre hommes et femmes se heurtent aux difficultés que nous éprouvons tous à établir une relation symétrique de sujet libre à sujet libre. L'amitié des femmes est un cas particulier de l'intersubjectivité, c'est-à-dire des relations entre sujets libres se reconnaissant mutuellement comme tels :

> *« Ce qui définit de manière singulière la situation de la femme, c'est que, étant comme tout être humain, une liberté autonome, elle se découvre et se choisit dans un monde où les hommes lui imposent de s'affirmer comme l'Autre[1]. »*

La femme est un sujet libre, même si la situation féminine héritée des déterminations sociales la rabaisse au rang d'objet asservi. Les efforts de la femme pour s'affirmer comme sujet (et donc comme ami possible) sont un des aspects de la lutte de tout sujet pour se faire reconnaître et se reconnaître lui-même comme libre.

Les relations entre soi-même et autrui ne sont pas fondées sur une bienveillance, une égalité et une réciprocité naturelles. Le donné premier de la relation aux autres, c'est l'affrontement. Si tel était le cas, l'oppression des uns par les autres ne serait pas incompréhensible :

> *« Ces phénomènes ne sauraient se comprendre si la réalité humaine était exclusivement un* Mitsein *basé sur la solidarité et l'amitié[2]. »*

---

1. *Ibidem*, tome 1, p. 34.
2. *Ibidem*, tome 1, p. 19.

C'est cette difficulté que Sartre résume dans la célèbre phrase conclusive de *Huis clos,* « L'enfer, c'est les autres ».

« L'enfer, c'est les autres »

Dans la pièce *Huis clos* (1944), Sartre met en scène trois personnages condamnés à l'enfer, Estelle, Garcin et Inès. Enfermés dans un salon sans miroirs, chacun cherche à obtenir une certaine reconnaissance de la part des autres. Estelle essaie de faire reconnaître son statut d'être désirable, Inès, son charisme et Garcin, son courage. Mais l'épreuve de la confrontation avec autrui produit un résultat exactement opposé de ce que chacun recherche. Garcin est perçu comme un lâche par les deux autres. Inès apparaît aux deux autres comme un monstre de cruauté dominatrice. Estelle est constamment renvoyée à l'image d'une coquette infanticide.

La difficulté et la douleur de la relation à l'autre tiennent au fait qu'elles mettent aux prises deux libertés. Chaque personne ne se sent libre que si elle se fait reconnaître comme sujet libre par un autre sujet libre. Mais pour arracher cette reconnaissance, il faut lutter. Le sujet libre est pris dans un terrible paradoxe : il cherche à se faire reconnaître comme libre par autrui. Mais, dans ce but, il contraint autrui. Il le traite comme une chose qu'on peut contraindre. La relation entre deux sujets libres vire ainsi au combat : chacun essaie de se faire reconnaître comme seul sujet libre et essaie de transformer autrui en une chose dépendant de lui. C'est ainsi que Beauvoir résume la condition humaine :

> *« Le sujet ne se pose qu'en s'opposant : il prétend s'affirmer comme l'essentiel et constituer l'autre en inessentiel, en objet[1]. »*

La relation amicale peut être cruelle comme cet enfer. Les amis sont ceux avec lesquels je tente d'établir (sans toujours y parvenir)

---

1. *Ibidem*, tome 1, p. 19.

une relation entre sujets libres qui se reconnaissent mutuellement comme tels.

De la condition humaine à la condition féminine

Dans son effort pour se faire reconnaître comme sujet libre, la femme se heurte non seulement à cette lutte entre sujets mais aussi à la condition féminine.

> « *On prétend la figer en objet, et la vouer à l'immanence, puisque sa transcendance sera perpétuellement transcendée par une autre conscience essentielle et souveraine*[1]. »

Dans les relations entre hommes et femmes, le paradoxe de l'altérité se manifeste clairement. L'homme cherche à se faire reconnaître comme être libre en transformant les autres personnes en choses. Tenir la femme en dépendance et dans une position subordonnée, voilà le moyen, pour l'homme, de faire reconnaître sa valeur, sa liberté et sa domination. L'articulation amicale reproduit les difficultés de la relation à l'autre. L'amitié est une des figures de l'intersubjectivité jusque dans ses difficultés. La condition féminine est une illustration particulière de la condition humaine.

L'amitié entre hommes et femmes

Pour la femme, la relation sociale, humaine fondamentale, c'est le mariage. C'est la consécration, dans le réel de la définition de la femme comme être relatif.

Sans le mariage, la femme n'est rien.

L'amour conjugal est la relation humaine, la relation à l'autre qui fonde l'identité féminine. La relation conjugale relègue toutes les affections au second plan. Les confidentes, les relations mondaines ou les amants donnent des plaisirs superficiels :

> « *De toute façon, adultère, amitié, vie mondaine ne constituent dans la vie conjugale que des divertissements. [...] Ce ne sont là que de fausses évasions qui ne permettent*

> *aucunement à la femme de reprendre authentiquement en main sa destinée[1]. »*

La relation avec les hommes était si fondamentale pour l'identité personnelle de la femme qu'elle reléguait les liens amicaux au second plan. La femme était épouse avant d'être collègue, rivale ou associée.

Une véritable amitié entre femmes ?

Les amitiés féminines, sont-elles des illusions ?

Le point de vue de « l'éternel féminin » est impitoyable : non seulement l'amitié entre hommes et femmes est réputée impossible mais en outre l'amitié entre femmes est elle-même présentée comme illusoire. Les affections, les relations, les interactions dont la femme est capable sont distinguées de « l'amitié véritable » :

> *« Cependant, il est rare que la complicité féminine s'élève jusqu'à une véritable amitié[2]. »*

Pour le montrer, Beauvoir examine plusieurs figures typiques de la « réalité féminine » : la petite fille, l'adolescente, la femme du monde, la lesbienne, l'artiste féminine, etc. Aucune de ces figures de la femme n'accède à une amitié pleine et entière aux yeux de la tradition masculine. Analysons avec Beauvoir quelques-uns de ces types féminins.

Les confidentes narcissiques

Dans la confidente, l'adolescente n'a pas une véritable amie. Les relations entre adolescentes ne sont pas basées sur la découverte de l'autre. Elles sont consacrées à la contemplation de soi-même. Autrement dit, elles sont « narcissiques » et ne permettent pas

---

1. *Ibidem*, tome 2, p. 423.
2. *Ibidem*, tome 2, p. 409.

à la jeune fille, puis à la femme, de découvrir la confrontation et la coopération avec autrui. Plus grave, jusque dans l'intimité avec sa confidente, l'adolescente se cherche elle-même. C'est une relation qui, à la différence de l'amitié, n'ouvre pas à l'altérité :

> *« C'est en une autre femme que la narcissique trouve, comme au temps de son adolescence, un double privilégié[1]. »*

Qui pis est, dans cette relation même se répète, sous une autre forme, l'infériorité à l'égard des hommes. Dans cette relation privilégiée avec la confidente, la femme cherche toujours à s'affirmer comme un objet de désir, comme « proie érotique » :

> *« Par-delà le mariage, l'amie de cœur demeure un témoin de choix : elle veut aussi continuer d'apparaître comme un objet désirable, désiré[2]. »*

Loin de donner aux femmes accès aux bénéfices de l'amitié (découverte de l'altérité, rivalité féconde et reconnaissance mutuelle de liberté), l'intimité entre l'adolescente et sa confidente prépare l'éclosion de sa condition d'objet de désir, d'être d'amour et non pas de « sujet d'amitié ».

La solitude de la femme du monde

En dépit des apparences, la « femme du monde » n'a pas, elle non plus, d'amies à proprement parler. Elle a des relations. Beauvoir compare sa situation affective et sociale à celle de son mari :

> *« L'homme est relié à la collectivité en tant que producteur et citoyen[3]. »*

L'homme du monde s'affirme comme sujet autonome dans les relations mondaines, les rapports de travail et les liens politiques. Il est en contact avec la diversité humaine, noue des alliances et

---

1. *Ibidem*, tome 2, p. 408.
2. *Ibidem*, tome 2, p. 408.
3. *Ibidem*, tome 2, p. 387.

engage des conflits. La femme du monde, elle, n'a pas de relations publiques. Elle n'a que des liens privés :

> « [...] tandis que la femme qu'aucun travail n'exige peut se cantonner dans la fréquentation de ses pairs ; en outre, elle a les loisirs d'assurer dans ses "visites" et ses "réceptions" ces rapports pratiquement inutiles[1]. »

La « vie de société » est très différente de la vie d'amitié. Les relations entre les femmes elles-mêmes sont régies par des préférences. Mais la femme du monde, elle, ne rompt pas la solitude à laquelle son absence de dimension publique la condamne :

> « La femme enfermée, séparée, ne connaît pas les joies de la camaraderie qui implique la poursuite en commun de certains buts[2]. »

Ce qui manque à la femme du monde, qui vit de sociabilité, c'est l'œuvre commune qui fonde l'amitié véritable. Dans son salon, aussi brillant soit-il, la mondaine est seule.

Les limites de la solidarité féminine

La relation entre femmes est structurée par l'importance des relations avec les hommes. La femme est si habituée à être un « être relatif », à n'être qu'à travers un homme, qu'elle se dénie à elle-même la capacité à être amie avec une autre femme. La relation structurante pour elle est la relation à l'homme, pas avec une femme :

> « Les femmes se sentent plus spontanément solidaires que les hommes, mais du sein de cette solidarité ce n'est pas chacune vers l'autre qu'elles se dépassent : ensemble, elles sont tournées vers le monde masculin[3]. »

---

1. *Ibidem*, tome 2, p. 387.
2. *Ibidem*, tome 2, p. 404.
3. *Ibidem*, tome 2, p. 409.

Ce qui rend les femmes solidaires, c'est l'identité de leur condition soumise à celle des hommes. Mais cette solidarité n'est pas une amitié véritable :

> *« Leurs rapports ne sont pas construits sur leur singularité, mais immédiatement vécus dans la généralité[1]. »*

Les femmes sont solidaires en raison de leur sujétion collective. Elles ne sont pas amies en raison de leurs affinités individuelles. Elles ont des camarades d'oppression mais pas des amies personnelles. Dans ce cadre traditionnel, aucune femme ne pourrait dire « parce que c'était elle, parce que c'était moi » comme Montaigne à propos de son amitié avec La Boétie. La solidarité collective des femmes n'est pas l'amitié entre personnalités individuelles.

L'amitié à bâtir entre hommes et femmes

Beauvoir ne se contente pas de critiquer la condition féminine telle qu'elle est héritée de la tradition. Elle esquisse également des voies d'émancipation pour la femme. Créer des liens nouveaux entre femmes elles-mêmes et bâtir des relations rénovées entre hommes et femmes est essentiel.

Une fraternité entre femmes

L'accès à des relations authentiquement amicales entre femmes est une première étape de l'émancipation féminine. Poser, reconnaître et faire reconnaître le sujet libre dans tout individu féminin est déterminant. Pour chacune des figures qu'elle analyse, Beauvoir insiste sur la possibilité de bâtir des amitiés véritables. Par exemple, l'adolescente doit abandonner le narcissisme de l'intimité entre confidentes et découvrir la camaraderie, ses duretés, son ouverture à l'autre et ses joies.

---

1. *Ibidem*, tome 2, p. 409.

La femme du monde doit quitter l'oisiveté et travailler. Elle conquerra ainsi l'indépendance de l'agent économique :

> *« C'est le travail seul qui peut lui garantir une liberté concrète. Dès qu'elle cesse d'être une parasite, le système fondé sur sa dépendance s'écroule[1]. »*

Par l'affranchissement économique, par l'émancipation juridique, et par la libération sexuelle, la femme entre de plain-pied dans le dialogue des sujets libres.

La communauté des amies chez Almodovar

Le film *Volver* (2006) retrace la libération d'un groupe de femmes d'un quartier populaire de Madrid. En butte à une brutale domination masculine, les femmes s'allient pour survivre. Leur solidarité se transforme en amitié véritable quand elles entreprennent ensemble de créer un restaurant de quartier. Le travail fournit à la fois l'indépendance financière et une œuvre commune aux amies.

De nouvelles relations hommes-femmes

La femme doit cesser d'être considérée – et de se considérer elle-même – comme un objet d'amour ou la proie désignée à l'amour des hommes. Elle cessera ainsi d'être l'Autre de l'homme. Elle deviendra ce qu'elle est : un sujet libre comme un autre. Alors pourront s'engager des rapports véritablement d'égalité et de liberté, c'est-à-dire d'amitié et de fraternité :

> *« Entre les sexes naîtront de nouvelles relations charnelles et affectives dont nous n'avons pas idée[2]. »*

---

1. *Ibidem*, tome 2, p. 587.
2. *Ibidem*, tome 2, p. 651.

Cette époque n'est pas si éloignée :

> *« Déjà sont apparues entre hommes et femmes des amitiés, des rivalités, des complicités, chastes ou sexuelles, que les siècles révolus n'auraient pu inventer[1]. »*

La nature des relations entre hommes et femmes évolue et n'est pas figée dans des « rapports naturels ». De même qu'il n'y a pas d' « éternel féminin », il n'y a pas de nature intangible de l'amitié. De plus, la limite entre amitié et rivalité n'est pas non plus invariable. Dans le débat comme dans la complicité, l'essentiel est la reconnaissance mutuelle de l'autonomie des individus.
Enfin, l'évolution des relations entre sexes bouscule les frontières tracées autour de l'amitié par la tradition. La limite entre l'amitié et la sexualité s'estompe : il existe des amitiés sexuées comme il existe des amitiés non sexuées. L'articulation entre hommes et femmes et entre amitié et sexualité s'en trouve profondément modifiée au sein des couples :

> *« Si tous deux l'assumait avec une lucide modestie, corrélative d'un authentique orgueil, ils se reconnaîtraient comme des semblables et vivraient en amitié le drame érotique[2]. »*

Amitié des individus et fraternité des sexes

Au travers de cette transformation des relations entre hommes et femmes, c'est l'égalisation des libertés et la découverte de l'identité qui se joue :

> *« Dans les deux sexes se joue le même drame de la chair et de l'esprit[3]. »*

---

1. *Ibidem*, tome 2, p. 651.
2. *Ibidem*, tome 2, p. 648.
3. *Ibidem*, tome 2, p. 648.

Ce qui éclot, selon Beauvoir, c'est, au-delà de l'amitié des personnes, une véritable fraternité :

> « *Ils peuvent tirer de leur liberté la même gloire : s'ils savaient la goûter [...] la fraternité pourrait alors naître entre eux*[1]. »

Pour finir...

Beauvoir met en évidence plusieurs difficultés dans les relations amicales : peut-on être amis alors même qu'on est de sexes différents ? Et sa réponse est positive. Elle souligne également que le refus de l'accès à l'amitié est un levier d'oppression pour celles qui en sont victimes : les femmes sont des êtres oppressés aussi parce qu'elles sont réduites à être des « êtres d'amour » et non pas des amies potentielles. Elle manifeste enfin que l'amitié suppose une relation complexe entre subjectivités rivales et libertés complices : le sexe, la compétition et la tension peuvent faire partie de l'amitié.

À l'horizon de la libération féminine émerge une fraternité.

L'amitié est aussi une voie de libération.

---

1. *Ibidem*, tome 2, p. 648.

9/ Foucault : la gaie amitié

Pour commencer...

Michel Foucault est un théoricien de l'amitié *et* un penseur de l'homosexualité. C'est un philosophe, un homosexuel *et* un phisosophe de l'homosexualité. Pour lui comme pour Platon et Beauvoir, l'amitié et l'homosexualité ne sont pas des dimensions anecdotiques de la vie personnelle. Ce sont de véritables objets de réflexion philosophique. Ce qui se joue dans l'homosexualité, c'est l'amitié envisagée comme « mode de vie » :

> « *Ce vers quoi vont les développements du problème de l'homosexualité, c'est le problème de l'amitié*[1]. »

Foucault naît à Poitiers en 1926 dans une famille de médecins. Passionné d'histoire et de psychologie, il entre à l'École normale supérieure en 1946 et obtient l'agrégation de philosophie en 1951. Durant ses années de formation, il connaît la dépression et tente de se suicider. De 1954 à 1960, Foucault travaille comme conseiller culturel en Suède puis en Pologne. Déclaré indésirable par le gouvernement communiste polonais, il revient en France enseigner à l'université de Clermont-Ferrand. Il y rencontre Daniel Defert qui sera son compagnon toute sa vie.

En 1961, il soutient sa thèse intitulée *Folie et déraison. Histoire de la folie à l'âge classique*. Cet ouvrage, publié en 1964, lui confère une grande notoriété intellectuelle. *Les Mots et les Choses*, publiés en 1966, lui donnent également une visibilité publique considérable. De 1965 à 1969, Foucault vit et enseigne à Tunis où Defert fait son service militaire. Dans le sillage des événements du mois de mai 1968, le gouvernement crée une « université expérimentale » à Vincennes et en confie le département de philosophie à Foucault. En 1970, Foucault est élu à la chaire d'« histoire des systèmes de pensée » du Collège de France.

Le début des années 1970 est, pour Foucault, une période d'engagement public. Il crée le Groupement d'information sur les prisons (GIP) pour que les prisonniers s'expriment sur leurs

---

1. « De l'amitié comme mode de vie », in *Dits et écrits*, tome II, Gallimard, coll. « Quarto », Paris, 2001, p. 982.

conditions de détention. En 1975, il publie *Surveiller et punir* où il dresse une histoire critique du système pénal et du monde carcéral occidental. C'est le versant intellectuel de son action pour l'amélioration concrète de la vie dans les prisons. Il prend d'autres positions publiques à cette époque : avec Sartre, il soutient les travailleurs étrangers ; avec Derrida, il demande une réforme des articles du code pénal sur la majorité sexuelle ; en 1979, il se rend à Téhéran et met en valeur certains aspects de la révolution iranienne dans des articles controversés.

À la fin des années 1970, Foucault réduit son engagement public. Il entame un ouvrage érudit en plusieurs volumes, *Histoire de la sexualité*. Il donne également des conférences dans le monde entier. En 1984, il meurt des conséquences du virus du sida.

Figure incontournable du débat intellectuel du xxᵉ siècle, Foucault est un philosophe majeur de l'amitié. Sa grande originalité est de l'aborder sous un angle résolument historique et de l'étudier dans ses rapports avec l'homosexualité.

Il consacre à l'amitié des textes de deux types assez différents. D'une part, avec l'*Histoire de la sexualité*, il analyse la conception et les pratiques de l'amitié dans l'Antiquité. D'autre part, il publie dans la presse des articles et des entretiens sur les relations entre amitié et « mode de vie *gay* » selon sa propre expression. Au fil de ces textes, Foucault met en évidence la transformation de l'amitié à travers les époques, le déclin graduel de l'amitié des Anciens, l'émergence de la question du sexe dans l'amitié et la création de la notion d'« homosexualité ». Dans ses articles et dans ses grands ouvrages théoriques, Foucault affirme haut et fort qu'une autre amitié est possible.

L'amitié, un phénomène historique

Le philosophe et l'historien

L'amitié n'est pas un phénomène immuable à travers le temps. Il y a des amis à toutes les époques, mais les conceptions et les pratiques de l'amitié varient considérablement selon les périodes. Montrer le caractère évolutif des liens affectifs, sociaux et sexuels est un des buts de Foucault, documents à l'appui, dans *Histoire de la sexualité*.

Foucault contre les illusions d'éternité

Dans plusieurs ouvrages, Foucault s'oppose à la tendance des philosophes de considérer certains phénomènes comme atemporels. Dans *Histoire de la folie à l'âge classique*, il montre que la frontière entre « folie » et « raison » évolue entre le Moyen Âge et l'époque moderne. Alors qu'ils sont mêlés à la vie ordinaire, les « fous » sont progressivement considérés comme des malades, des « aliénés » qu'il faut soigner et assujettir à un « grand renfermement ». Dans *Surveiller et punir*, Foucault montre que la nature des châtiments dans les systèmes pénaux européens change au tournant du XVIIe siècle. À un mode traditionnel de punition spectaculaire (mais relativement rare) destiné à rappeler l'autorité du souverain, l'État moderne substitue un système d'incarcération de masse censé rééduquer et soigner les criminels. Ni la folie ni la punition ne sont des phénomènes éternels.

Plusieurs penseurs considèrent que l'amitié véritable a une essence éternelle. Au contraire, pour Foucault, l'amitié (sa conception, ses usages et ses formes) est un phénomène historique. Ce qu'on appelle « amitié » dans l'Antiquité n'est pas la même chose que l'« amitié » à la Renaissance ou à l'époque moderne. Par exemple, entre Socrate et Alcibiade, entre La Boétie et Montaigne, entre Wagner et Nietzsche, l'amitié change de contenu, de fonction et de valeur.

Chez Foucault, l'historien éclaire le philosophe.

Une relation fondamentale pour l'Antiquité

Avant l'époque moderne, l'amitié n'est pas considérée comme un plaisir mineur, une distraction utile ou une récréation individuelle.

C'était une institution fondamentale pour l'individu et pour la société :

> *« Depuis l'Antiquité et pendant des siècles, l'amitié a été un mode de relation sociale très important[1]. »*

La nature et l'importance des relations amicales dans l'Antiquité sont difficilement compréhensibles pour les hommes d'aujourd'hui. Les Anciens conçoivent l'amitié comme un des piliers de leur système politique, social, éducatif et affectif. Pour Foucault, la Grèce antique est une « civilisation de la pédérastie » :

> *« Il existait donc toute une civilisation de la pédérastie, de l'amour homme-garçon[2]. »*

Le plus expérimenté des deux amis se charge de faire passer le plus jeune du monde de l'enfance à celui des adultes. Dans une relation de mentor à protégé, il lui transmet le bagage nécessaire pour devenir un homme accompli et agir dans la cité : valeurs morales, codes sociaux, sagesse, etc. Autre aspect presque incompréhensible de l'amitié prémoderne : pour les Anciens, amitié et sexe ne s'excluent pas mutuellement.

Cet amour-amitié entre hommes n'est pas valorisé partout en Grèce ancienne. Mais, s'il est déconseillé ou raillé, c'est au nom de la maîtrise de soi. On ne condamne pas les relations sexuelles entre hommes ou entre amis au nom de la nature, de la santé ou de Dieu. Les relations personnelles ne sont alors pas compartimentées entre amitié, amour, sexualité, alliance, etc.

Un couple mythique contre le compartimentage affectif

Dans *Lettres à Yves*, le mécène et homme d'affaires Pierre Bergé s'adresse, par-delà la mort, à Yves Saint Laurent, le célèbre créateur qui fut le compagnon

---

1. « Que fabriquent donc les hommes ensemble ? », in *Le Nouvel Observateur*, n° 1098, 22-28 novembre 1985, p. 74-75.
2. « Entretien avec M. Foucault », in *Dits et écrits*, tome II, p. 1105.

de sa vie. Au fil de cette correspondance posthume aussi touchante que puissante, le lecteur voit toute la complexité d'une amitié où se conjuguent l'attirance érotique, la complicité artistique, le goût d'entreprendre et le travail commun. Ce témoignage souligne la fragilité des frontières entre amitié, amour, sexualité et sentiments. S'agirait-il d'une résurrection de l'amitié des Anciens ?

L'époque moderne et le retrait de l'amitié

Au XVIIe siècle, tout change. L'avènement la modernité, le règne de la raison, la promotion de la technique et l'expansion de l'État entraînent le déclin de l'amitié des Anciens. Foucault déclare ainsi :

> « *Je crois que c'est aux XVIIe et XVIIIe siècles qu'on voit disparaître ce genre d'amitiés, au moins dans la société masculine*[1]. »

Ce qui reflue avec la modernité, ce n'est ni le besoin d'amitié, ni l'affection entre amis, ni le nombre d'hommes aimants les hommes. Ce qui s'affaiblit, c'est la forme de l'amitié telle que la concevaient et la pratiquaient les hommes, de l'Antiquité à la Renaissance. Pour Foucault, on assiste à une certaine dévalorisation de l'amitié. Lien public et social, elle devient une liaison privée. Institution éducative et politique, elle devient un agrément individuel. Structure nécessaire à l'identité personnelle, elle devient préférence d'un moment.

L'amitié des mousquetaires, une affection archaïque ?

Dans la « trilogie des mousquetaires », Alexandre Dumas, met en scène le bouleversement de l'amitié à l'époque moderne. Le premier volet de ce cycle romanesque, *Les trois mousquetaires*, se déroule sous

---

1. « Que fabriquent donc les hommes ensemble ? », édition citée.

le règne de Louis XIII, âge héroïque et baroque. L'amitié absolue des mousquetaires est proche des modèles antiques. Son caractère fusionnel se manifeste dans leur maxime: « Un pour tous et tous pour un! ». Le dernier volet de la trilogie, *Le vicomte de Bragelonne*, se déroule sous le règne de Louis XIV, époque de création de l'État moderne. La fidélité personnelle cède le pas à l'obéissance administrative, la loyauté irrationnelle fait place à la soumission calculée, l'affection inconditionnelle et désintéressée disparaît au profit des alliances d'intérêts. À l'époque moderne, l'amitié héroïque devient archaïque: les quatre mousquetaires s'affrontent entre eux avant de mourir ensemble.

L'invention de l'homosexualité

Pour Foucault, le déclin de l'amitié est lié à l'invention d'une notion inconnue des Anciens: l'homosexualité. Il ne s'agit pas d'une catégorie naturelle et éternelle. L'idée d'homosexualité est récente et sa création contribue à la dévalorisation de l'amitié:

> *« Bien sûr, on trouvera encore des esprits aimables pour penser qu'en somme l'homosexualité a toujours existé: à preuve Cambacérès, le duc de Crequi, Miquel-Ange ou Timarque*[1]. *»*

Un monde sans homosexuels ni hétérosexuels

L'Antiquité ne fait pas du sexe un critère pour tracer une frontière étanche entre affections. Pour reprendre (et détourner) l'expression de Comte-Sponville, « faire l'amour avec son meilleur ami[2] » n'est pas une contradiction dans les termes pour les Anciens. Avoir un type de sexualité n'est pas déterminant pour définir son identité personnelle. Un citoyen grec libre est

---

1. « Des caresses d'hommes considérées comme un art », *Dits et écrits*, tome II, p. 1135.
2. André Comte-Sponville, *Le Sexe ni la mort*, Albin Michel, Paris, p. 291.

au centre d'un réseau de relations affectives et sexuelles variées, entre son épouse, ses concubines, ses amis, ses esclaves, etc. À cette époque, la question « suis-je homosexuel ou hétérosexuel ? » ne se pose pas :

> *« Une personne qui couchait avec une autre du même sexe ne s'éprouvait pas comme homosexuel[1]. »*

Pour que la question se pose, il faut que l'époque moderne mette en place des catégories bien distinctes : homosexuel et hétérosexuel. À la limite, en Grèce ancienne la question de la sexualité au sein des relations amicales est secondaire. Le monde des Anciens est un monde sans homosexuels et sans hétérosexuels. Foucault développe même une thèse résolument paradoxale. Au sein de la « civilisation de la pédérastie », les relations sexuelles entre hommes passent inaperçues :

> *« Tant que l'amitié était une chose importante et socialement acceptée, personne ne se rendait compte que les hommes faisaient l'amour ensemble[2]. »*

Achille, amant de Patrocle ou de Briséis ?

À la lecture de l'*Iliade* d'Homère, les lecteurs modernes peuvent s'étonner. Pourquoi le guerrier Achille se querelle-t-il avec le roi Agamemnon pour une belle Troyenne captive, Briséis ? Achille n'est-il pas « en couple » avec un guerrier, Patrocle ? Notre étonnement de Modernes est due à une erreur de perspective créée par les catégories modernes. L'amour pour Patrocle n'exclut pas, chez Achille, le désir de Briséis. Il peut la vouloir comme un trophée de guerre et une proie érotique sans que son affection pour Patrocle soit trahie et sans que son identité sexuelle soit brouillée. L'alternative entre Patrocle et Briséis, entre

---

1. « Entretien avec M. Foucault », édition citée.
2. « Que fabriquent donc les hommes ensemble ? », édition citée.

homosexualité et hétérosexualité ne se pose pas pour Achille. Il est amant de Patrocle *et* de Briséis.

La dévalorisation de l'amour des garçons

Pour Foucault, l'histoire de l'amitié et de la sexualité en Occident est celle de la dévalorisation des relations intimes entre personnes du même sexe. Elle s'opère en plusieurs étapes.

La première se situe au milieu de l'Antiquité. Sous l'influence des morales stoïcienne et chrétienne, des limites sont imposées à l'amour hommes-garçons dans les couches sociales aisées. L'abstinence est louée :

> *« Enfin du côté des garçons, la nécessité de l'abstinence est de moins en moins perçue comme une manière de donner à des formes d'amour les plus hautes valeurs spirituelles et de plus en plus comme le signe d'une imperfection[1]. »*

L'amour des garçons n'est pas condamné mais seulement désapprouvé et parfois raillé. Renoncer à l'amour des garçons est perçu comme un signe de maîtrise de soi. C'est un des aspects d'une révolution morale. Le sujet se conçoit de plus en plus comme l'objet de soin à prendre pour assurer son indépendance, son intégrité et sa dignité. Il s'agit d'un aspect du « souci de soi ». L'amour des garçons n'est pourtant pas condamné au nom de la nature ou de la justice divine. Le passage à la morale stoïcienne et chrétienne du « souci de soi » est une inflexion, pas encore une rupture avec la conception antique de l'amitié :

> *« Elle (la sexualité) trouve difficilement sa place dans l'amour pour les garçons, mais celui-ci n'est pas pour autant condamné au titre de la contre-nature[2]. »*

---

1. *Histoire de la sexualité 3. Le souci de soi*, Gallimard, coll. « Tel », Paris, 1984, p. 315.
2. *Ibidem*, p. 317.

L'incompréhension des Modernes

La deuxième étape de la dévalorisation de l'amitié antique se situe à l'époque moderne, au tournant du XVIIe siècle. C'est là qu'apparaît la notion d'« homosexualité » par différence avec « l'hétérosexualité ». Pour les Modernes, l'amitié antique et ses recoupements avec l'amour et le sexe deviennent difficilement compréhensibles :

> *« Une fois l'amitié disparue en tant que relation culturellement acceptée, le problème s'est posé : Que fabriquent donc les hommes ensemble ? Je suis certain que la disparition de l'amitié en tant que relation sociale et la déclaration de l'homosexualité comme un problème socio-politico-médical sont un seul et même processus[1]. »*

Si on considère que l'amitié n'est pas une relation fondamentale mais seulement un agrément, alors on ne comprend plus ce que font les hommes ensemble.

Voltaire et l'amour socratique

Dans son *Dictionnaire philosophique*, Voltaire souhaite combattre les préjugés et les superstitions. Face à la condamnation judéo-chrétienne de l'amour entre hommes, il s'interroge sur l'« amour dit socratique » : « Comment s'est-il pu faire qu'un vice, destructeur du genre humain, s'il était général, qu'un attentat infâme contre la nature, soit pourtant si naturel[2] ? » Au rebours des anathèmes de l'époque, Voltaire donne une explication naturelle de cette affection considérée alors comme un crime contre la nature et contre Dieu. Selon lui, les relations sexuelles entre garçons seraient des erreurs de jeunesse dues à l'ardeur de la puberté. Sa façon d'excuser les amours entre hommes montre son souci de « tolérance » en matière de mœurs. Mais

---

1. « Que fabriquent donc les hommes ensemble ? », édition citée.
2. Voltaire, *Dictionnaire philosophique* (1764), Flammarion, coll. « GF », Paris, 1964, p. 35.

elle souligne aussi que les penseurs modernes ont bien du mal à comprendre le sens de l'amitié des Anciens.

L'homosexualité comme problème

L'incompréhension des Modernes les mène à la condamnation. Pour l'âge moderne, l'homosexuel se distingue de l'hétérosexuel comme « l'anormal » du « normal ». De façon générale, l'âge moderne se caractérise par la montée en puissance de la « normalisation ».

À partir du XVIIe siècle, la plupart des comportements personnels et collectifs sont régis par le couple normal-anormal. Dans le domaine scolaire, l'enfant sage est normal alors que le « mauvais élève » est le déviant. Dans le domaine pénal, le « criminel » est l'anormal face au citoyen normal, respectueux des lois. De même, l'amour entre hommes est anormal face à la relation sexuelle normalisée, entre personnes de sexes différents, de préférence au sein du mariage. C'est pour cette raison que Foucault est réticent à reprendre la notion d'« homosexualité ». Foucault préfère les expressions d'« amours entre hommes », « amour homme-homme » ou encore « amour homme-garçon ». En effet l'« homosexualité » est un terme créé pour stigmatiser un problème :

> « *Une de mes hypothèses est que l'homosexualité, le sexe entre hommes, est devenu un problème au XVIIIe siècle. Nous la voyons entrer en conflit avec la police, le système judiciaire, etc.*[1] »

Les Modernes n'excluent pas seulement certaines idées sur l'amitié, ils condamnent aussi des pratiques. L'âge moderne met en place une rationalisation et une normalisation des corps. Les différentes administrations (police, justice, clergé, etc.) distinguent amitié et sexualité dans les faits : elles poursuivent les amitiés sexuées, incriminent et dénoncent ceux qui s'y livrent.

---

1. « Que fabriquent donc les hommes ensemble ? », édition citée.

De l'incompréhension à la répression

La deuxième étape du déclin de l'amitié-amour entre hommes est une époque de répression :

> « *Le deuxième palier, c'est la pratique policière à l'égard de l'homosexualité, très nette en France au milieu du XVIIe siècle, à une époque où les villes existent réellement, où un certain type de quadrillage policier est en place et où, par exemple, on note l'arrestation, relativement massive, d'homosexuels[1].* »

Le but de Foucault n'est pas de dresser une martyrologie homosexuelle. Il est de souligner qu'on passe de l'incompréhension intellectuelle à la violence publique.

L'homosexualité comme maladie

La troisième étape de la dévalorisation est située au XIXe siècle. C'est une époque de médicalisation où l'homosexualité est considérée comme anormale au sens de « pathologique » :

> « *Enfin le troisième stade, c'est évidemment l'entrée bruyante au milieu du XIXe siècle de l'homosexualité dans le champ de la réflexion médicale[2].* »

L'amitié amoureuse entre hommes est alors considérée comme une maladie que le système médical doit soigner. On passe alors d'un système de punition à un système de traitement.

Les étapes du déclin de l'amitié des Anciens s'enchaînent ainsi : sujet de raillerie, elle devient un problème puis une menace sociale et elle finit par être une pathologie. Pour Foucault, c'est le signe d'une incompréhension de l'amitié.

---

1. « Entretien avec M. Foucault », édition citée.
2. *Ibidem.*

L'amour conjugal, un concurrent de l'amitié ?

L'amitié des Anciens a un autre concurrent que l'« homosexualité ». C'est la valorisation de l'amour au sein du mariage. Il y a une relation de « vases communicants » entre le retrait de l'amitié et la promotion de l'amour conjugal.

Dès l'Antiquité, certaines caractéristiques et vertus de l'amitié sont progressivement transférées vers le lien entre époux. Comme l'amitié et l'homosexualité, l'amour conjugal est un phénomène historiquement déterminé. Il date du début de notre ère. Le stoïcisme et le christianisme valorisent de plus en plus les relations affectives et sexuelles au sein du couple marié. C'est une nouveauté.

Le couple traditionnel, une institution

Auparavant, le couple marié était une institution sans dimension affective attendue. Il garantissait la transmission du patrimoine et justifiait des dominations politiques. Mais, ordinairement, il n'était pas considéré comme le lieu d'une relation intime :

> *« Le mariage exigeait un style particulier de conduite dans la mesure surtout où l'homme marié était un chef de famille, un citoyen honorable ou un homme qui prétendait exercer sur les autres un pouvoir à la fois politique et moral*[1]. *»*

La relation homme-femme était alors une relation de subordination de la femme à l'homme. Et l'homme trouvait dans le couple une des figures de sa domination. L'amitié était réservée à la sphère masculine.

L'émergence de l'amour conjugal

Durant le 1er siècle de notre ère, les traités sur la vie conjugale se multiplient. Ils marquent une étape décisive pour l'affirmation

---

1. *Histoire de la sexualité 3. Le souci de soi*, Gallimard, Paris, 1984, p. 197.

de la valeur de l'amour conjugal : ils attribuent à la relation entre époux des caractéristiques autrefois réservées aux relations amicales entre hommes.

Première caractéristique nouvelle pour le couple mais ancienne pour l'amitié : il y a un lien personnel entre les époux et non pas seulement une relation sociale. Le mari n'est plus le maître de la femme mais son *alter ego* :

> « *En somme, l'art de se conduire dans le mariage se définirait moins par une technique de gouvernement et davantage par une stylistique du lien individuel*[1]. »

La deuxième caractéristique transférée de l'amitié à l'amour est la fidélité. Ce transfert se manifeste dans l'exigence d'exclusivité sexuelle dans le couple. Elle est en effet perçue comme une marque de respect de l'époux pour la dignité de son épouse et pour sa propre dignité. La fidélité change de sens. Elle devient exclusivité sexuelle entre époux. Elle n'est plus avant tout la loyauté entre amis :

> « *La façon nouvelle dont la question de la fidélité sexuelle est parfois formulée témoigne de ce changement*[2]. »

Enfin, troisième caractéristique qui passe de l'amitié à l'amour conjugal, la sexualité est source de plaisir partagé. Dans le mariage, la relation sexuelle n'est plus cantonnée à la reproduction mais devient une dimension d'une harmonie interpersonnelle :

> « *L'intérêt pour la procréation s'y combine avec d'autres significations et d'autres valeurs qui concernent l'amour, l'affection, la bonne entente et la sympathie mutuelle*[3]. »

---

1. *Ibidem*, p. 199.
2. *Ibidem*, p. 199.
3. *Ibidem*, p. 199.

Selon Foucault, avec l'essor de l'amour conjugal, on assiste à l'émergence d'un nouveau type d'amour entre époux, qui supplante l'amour-amitié entre hommes.

L'homme, animal conjugal

Le lien matrimonial défini par le droit, sanctionné par la religion et régi par la tradition est alors complété par un nouveau rapport entre époux qui constitue un style de vie à part entière :

> *« Cet art de vivre marié définit une relation duelle dans sa forme, universelle dans sa valeur et spécifique dans son intensité et donc dans sa force*[1]. *»*

La vie de couple marié apparaît désormais comme un phénomène naturel. Il est à ce titre commun à l'homme et aux animaux. Le couple a de multiples fins inscrites dans l'ordre de la nature : procréation, éducation, secours mutuels, etc. D'animal politique doté avant tout d'amis et d'ennemis, l'homme devient un animal conjugal :

> *« Comme animal, comme vivant raisonnable et comme individu que sa raison lie au genre humain, l'homme est, de toute façon, un être conjugal*[2]. *»*

Ce qui distingue le couple humain des couples animaux, c'est sa stabilité et sa portée éthique : la vie de couple permet le perfectionnement moral. Lien naturel permettant l'épanouissement personnel, la relation conjugale absorbe une à une les caractéristiques de l'amitié antique : nécessité, universalité, concorde, harmonie, franchise, coexistence, unité, fusion, etc. :

> *« Dans ce modèle le rapport à l'autre, qui apparaît comme le plus fondamental, n'est ni la relation du sang ni celle de l'amitié ; c'est le rapport entre un homme et une*

---

1. *Ibidem*, p. 201.
2. *Ibidem*, p. 204.

femme quand il s'organise dans la forme institutionnelle du mariage et dans la vie commune qui se superpose à elle[1]. »

Entre amour conjugal et amitié masculine, la concurrence se développe et tourne à l'avantage du couple :

« Un privilège naturel, à la fois ontologique et éthique, est accordé, aux dépens de tous les autres, à cette relation duelle et hétérosexuelle[2]. »

Pour Foucault, l'amour entre époux des Modernes évince peu à peu l'amitié des Anciens.

D'autres amitiés sont possibles !

Foucault ne se résigne pourtant pas au déclin de l'amitié. Il ne prône pas un retour aux Anciens. Mais il considère que la formation d'un « mode de vie homosexuel » est capable de raviver le potentiel de libération et d'affection de l'amitié des Anciens. Pour Foucault, d'autres amitiés que les relations restreintes encadrées et contingentées des Modernes sont possibles.

Un « mode de vie homosexuel » libérateur

Pour Foucault, on assiste aujourd'hui à l'émergence d'un mode de vie spécifiquement homosexuel ou, plus exactement, *gay* puisque l'invention de la notion d'homosexualité concourt à la dévalorisation de l'amitié des Anciens. L'homosexualité n'est pas seulement une pratique sexuelle ou une préférence érotique. C'est tout un style de vie original où l'amitié est centrale :

---

1. *Ibidem*, p. 218.
2. *Ibidem*, p. 218.

> *« On n'entre pas simplement en relation pour pouvoir arriver jusqu'à la consommation sexuelle, mais ce vers quoi les gens sont polarisés, c'est l'amitié[1]. »*

Ce « mode de vie homosexuel », et l'amitié sexuée qui l'exprime, a une portée subversive. Il gêne les pouvoirs, les catégories et les institutions :

> *« Je pense que c'est cela qui rend troublante "l'homosexualité" : le mode de vie homosexuel plutôt que l'acte sexuel lui-même. […] Que les individus commencent à s'aimer, voilà le problème. L'institution est prise à contre-pied ; des intensités affectives la traversent, à la fois elles la font tenir et la perturbent : regardez l'armée, l'amour entre hommes y est sans cesse appelé et honni. […] Ces relations qui font court-circuit et qui introduisent l'amour là où il devrait y avoir la loi, la règle, l'habitude[2]. »*

Cette conception des rapports humains prend de court les catégories habituelles de l'amitié, de l'affection et de la sexualité. La normalisation et les catégorisations issues de la modernité tolèrent mal les espaces de confusion et de liberté. Or le « mode de vie homosexuel » constitue un espace de confusion. Les relations entre personnes du même sexe réunissent ce qui est ordinairement séparé : sexe, amitié, sociabilité, etc.
Le « mode de vie homosexuel » a, aux yeux de Foucault, la vertu de présenter une résistance aux pouvoirs établis.

Inventer d'autres amitiés

Foucault n'appelle pas à la résurrection de l'amitié des Anciens. En bon historien, Foucault sait que le passé ne revient pas à l'identique. Mais il insiste sur la capacité des hommes contemporains à développer de nouvelles formes d'amitié. La relation affective et sexuelle entre hommes est une source d'inspiration pour libérer la créativité en matière d'amitié, d'affection et de relations humaines.

---

1. « De l'amitié comme mode de vie », édition citée.
2. *Ibidem.*

La situation de deux amants est en effet intégralement à créer :

> *« Deux hommes d'âges notablement différents, quel code auront-ils pour communiquer ? Ils sont l'un en face de l'autre sans armes, sans mots convenus, sans rien qui les rassure sur le sens du mouvement qui les porte l'un vers l'autre. Ils ont à inventer de A à Z une relation encore sans forme, et qui est l'amitié : c'est-à-dire la forme de toutes les choses à travers lesquelles, l'un à l'autre, on peut se faire plaisir[1]. »*

L'amitié amoureuse entre hommes conduit à inventer des modes de relations hors des cadres prédéfinis par la société, la médecine, les religions ou le droit.

Pour finir...

Foucault développe une philosophie de l'amitié particulièrement originale axée sur le déclin de l'amitié sexuée des anciens Grecs. L'amitié est un phénomène historique dont la nature, les fonctions et le sens varient au fil des époques. L'amitié intensément affective et corporelle des Anciens devient progressivement incompréhensible aux Modernes. Pour essayer d'en rendre compte et de la circonscrire, ceux-ci inventent l'idée d'homosexualité. Ils promeuvent un concurrent à l'amitié : l'amour conjugal hétérosexuel.

Foucault ne se contente pas de décrire un déclin inexorable. Il met aussi en valeur les potentialités libératrices de l'amitié exprimée par le mode de vie homosexuel ou le style de vie *gay* qu'il appelle de ses vœux. Cette stylisation des relations à l'autre rappelle que l'amitié a un profond pouvoir de libération.

L'amitié est bien plus qu'un agrément de l'existence, c'est un mode de vie. La gaie amitié est une autre forme de relation à tous les autres.

---

1. *Ibidem.*

10 / **Debray :**
l'amitié ou la fraternité ?

Pour commencer...

Avec qui veux-tu vivre, agir et penser ? Avec des camarades de lutte ? Avec des compagnons de plaisir ? Avec des amis intimes ? Ou bien avec des frères ? C'est la question que pose Régis Debray à l'homme contemporain, hanté par la solitude, brûlé par l'égoïsme et absorbé par le culte du moi.

Il s'adresse à lui en ces termes :

> *« Qu'est-ce qui peut encore sceller une complicité, en dehors de la maison, du stade et du bureau[1] ? »*

Il pose ainsi à nouveaux frais la question de l'amitié.

Debray naît à Paris en 1940 de parents résistants. Il entre à l'École normale supérieure et obtient l'agrégation de philosophie. Sa vie sort alors des sentiers battus : âgé de vingt-cinq ans à peine, il gagne Cuba. Il participe aux mouvements révolutionnaires que Fidel Castro et Ernesto « Che » Guevara animent en Amérique latine. Il est arrêté en 1967 par le gouvernement bolivien. Une condamnation à mort est prononcée contre lui mais sa peine est commuée en emprisonnement grâce à une campagne internationale menée par Sartre. Libéré après quatre ans de détention, Debray gagne le Chili où il soutient le gouvernement Allende. Après le renversement de celui-ci par le coup d'État de Pinochet, en 1973, Debray revient en France.

Romancier très lu et philosophe fort écouté, Debray est aussi une personnalité politique influente. Chargé des relations internationales auprès de François Mitterrand de 1981 à 1985, il est nommé maître des requêtes au Conseil d'État, secrétaire général du Conseil du Pacifique Sud et responsable culturel du pavillon français à l'Exposition universelle de Séville de 1992.

À partir des années 1980 et 1990, il développe une nouvelle discipline, la « médiologie ». Pour soutenir son essor, il lance des revues comme *Les Cahiers de médiologie* et *Médium, transmettre pour innover*. Le « médiologue » analyse les médiations entre techniques de communication, institutions et productions symboliques.

---

1. *Le Moment fraternité*, Gallimard, coll. « Folio Essais », Paris, 2009, p. 11.

Debray consacre de nombreux travaux au fait religieux, dont *Le Feu sacré : fonctions du religieux*, paru en 2003. En 2002, à la demande du ministre de l'Éducation nationale, il produit un rapport qui fait date sur l'enseignement du fait religieux à l'école. Fondateur de l'Institut européen en sciences des religions, il participe, en 2003, à la « commission Stasi », dont les conclusions inspirent la loi interdisant les signes religieux ostensibles à l'école. Ses essais *Le Moment fraternité* (2009) et *Éloge des frontières* (2010) font de lui un des principaux penseurs de la fraternité, de ses rapports avec le sacré et avec l'amitié.

Dans ces textes, Debray retrace l'essor puis le déclin de la fraternité. Idéal tard venu, elle est aujourd'hui négligée ou décriée, comme bien des formes de mouvement collectif. L'effacement de la fraternité est-il une des figures du retrait de l'amitié ? Ou bien fraternité et amitié sont-elles si différentes qu'elles suivent des trajectoires divergentes ?

Debray nous invite clairement à choisir la fraternité plutôt que l'amitié. Il voit en l'amitié un idéal étriqué.

Le déclin de la fraternité

Pour Debray, l'idéal de fraternité est aujourd'hui en déclin. Analyser ses racines et montrer ses vertus, c'est presque mener un combat d'arrière-garde. Tout se passe comme si la véritable fraternité excédait les capacités de l'époque et les aptitudes des contemporains.

La fraternité, un idéal obsolète ?

Le troisième terme de la devise de la République française n'est plus salué qu'en passant, par habitude ou par politesse.

Si elle reste au fronton des édifices publics, elle tend à disparaître des préoccupations collectives :

> « *Le mot ne se prononce plus guère chez nos officiels, par peur du ringard ou du pompier*[1]. »

---

1. *Ibidem*, p. 11.

Même les autorités publiques, chargées pourtant de faire vivre les idéaux républicains, n'osent plus invoquer la fraternité. Obsolète ou ampoulé, le mot paraît sans rapport avec les aspirations actuelles. C'est pourquoi la fraternité est généralement considérée avec condescendance :

> « *L'individualisme de masse en sourit, les financiers haussent les épaules, les psys y voient un fantasme homosexuel, et les intellos la snobent[1].* »

En ce qui concerne les défenseurs de l'autonomie de l'individu, l'homme n'a pas besoin de se trouver des frères pour se libérer ou se réaliser. Pour ceux qui pensent que l'intérêt personnel gouverne le monde, appelés ici « les financiers », un haussement d'épaules suffit pour souligner l'inanité d'un idéal de dévouement à l'autre. Quant à la psychanalyse, elle voit dans cet idéal de communion une manifestation détournée de la seule pulsion réelle : le désir sexuel. Aucun courant ne semble aujourd'hui reprendre le flambeau de la fraternité.

Le triomphe du moi

Mais d'où vient le retrait d'une valeur si importante pour la République ? Le triomphe de l'individu entraîne la défaite de la fraternité :

> « *L'individu est tout et le tout n'est plus rien[2].* »

Le monde contemporain fait de l'individu, de son intérêt et de sa liberté les valeurs suprêmes. C'est pour cela que les groupes n'ont plus qu'une valeur mineure. La première personne du singulier, le « je », efface la première personne du pluriel, le « nous ». L'individu aspire à une telle autonomie, revendique une telle singularité et affirme une telle originalité que son aspiration n'est pas de se chercher des « frères ». L'individualisme dénoncé ici n'est pas seulement l'égoïsme. L'individualisme est l'ensemble

---

1. *Ibidem*, p. 217.
2. *Ibidem*, p. 11.

des éléments qui concourent à libérer l'individu et à proclamer sa dignité. C'est un mouvement profond de l'époque moderne qui se traduit y compris dans la vie personnelle et la relation à l'autre.

Le mariage : choix collectif ou décision individuelle ?

Émile Durkheim, un des fondateurs de la sociologie, étudie comment les mariages sont conclus à différentes époques en Europe. Dans les sociétés traditionnelles, les conjoints sont sélectionnés par un groupe, la famille, la corporation ou le clan. Dans les sociétés modernes, le choix du conjoint relève de l'individu. La modernité est individualiste au sens strict, dans la décision matrimoniale mais aussi dans le choix du métier ou encore dans l'orientation confessionnelle.

Les concurrents de la fraternité

La solitude égocentrique règne-t-elle aujourd'hui sans partage ? Toutes les dimensions collectives de la vie humaine disparaissent-elles avec le déclin de la fraternité ? Certes non. L'individualisme s'accommode mal de la fraternité mais coexiste volontiers avec d'autres types de relations comme la charité du christianisme et la solidarité de l'État-providence, etc. La fraternité est concurrencée par d'autres modes de relation à l'autre plus compatibles avec l'individualisme contemporain.

Le retour inattendu de la charité

Selon Debray, la charité chrétienne et la fraternité républicaine suivent deux chemins divergents :

> « *Si la charité a redoré son blason, sa cadette incroyante reste sur les étagères[1].* »

---

1. *Ibidem*, p. 13.

La charité ne consiste pas seulement à donner de l'argent aux bonnes œuvres ou aux associations humanitaires. La charité est ici entendue au sens de vertu chrétienne d'amour du prochain. Dans la fraternité comme dans la charité, on traite en frères des personnes qui ne sont ni des parents ni des proches. La charité a pour manifestation l'amour d'autrui et a pour principe l'amour de Dieu. La fraternité, elle, ne repose pas sur le respect et l'amour d'un être divin. Elle consiste à traiter en frères et sœurs des personnes avec lesquelles on partage une communauté d'aspiration, de vie ou de combat.

Debray pointe ici un paradoxe : la société contemporaine est fortement sécularisée. Toutefois l'idéal religieux de charité connaît une période d'expansion alors que l'idéal laïc de fraternité est, lui, en retrait. L'individualisme semble s'accommoder de l'amour du prochain mais non pas d'une solidarité entre êtres humains.

Le culte des droits de l'homme

Si les sociétés occidentales actuelles ne se reconnaissent pas dans l'idéal de fraternité, elles partagent l'idée que les droits de l'homme constituent un idéal suprême. Pour Debray, l'apothéose des droits de l'homme :

> *« … a engendré dans une communauté occidentale plus ou moins ressoudée une nouvelle religion civile[1] ».*

Fraternité et respect des droits de l'homme ne se recoupent qu'en partie. Reconnaître la dignité de tous les êtres humains, ce n'est pas les considérer comme des « frères » mais seulement comme des égaux en dignité. Individualisme et respect des droits de l'homme se conjuguent aisément. En effet, le projet collectif exprimé dans les droits de l'homme est volontairement abstrait. Il consiste à reconnaître la dignité, la liberté et l'égalité des individus humains quels qu'ils soient. Il ne vise pas à établir une communauté entre tous les hommes. Les droits de l'homme visent à traiter chaque homme non pas en frère mais en individu digne de respect.

---

1. *Ibidem*, p. 105.

Une citoyenneté version « grand public »

La fraternité n'a pas non plus le même succès que la relation entre concitoyens : la citoyenneté. À l'ère de l'individu, bien des phénomènes collectifs sont dits « citoyens » : rassemblements, engagements, mouvements, etc. Tout ou presque, dans la sphère publique, est qualifié de « citoyen ». Debray souligne, non sans ironie, cette expansion de la citoyenneté :

> *« La citoyenneté est un produit de grande consommation, devenu inodore, incolore et sans saveur, mais de bon ton et peu compromettant*[1]. *»*

Pourquoi la citoyenneté est-elle aussi prisée au moment même où la fraternité est décriée ? C'est que la citoyenneté est aujourd'hui donnée dans une version édulcorée compatible avec l'individualisme. Elle est peu exigeante car elle ne demande pas de sacrifices conséquents au bien commun.

Pour Debray, la citoyenneté actuelle est loin de l'exigence fraternelle portée par le titre dont les sans-culottes s'apostrophaient l'un l'autre : « Citoyen ! » C'est une citoyenneté non fraternelle car c'est une citoyenneté version « grand public ».

Solidaires mais pas frères

Si la fraternité n'est plus valorisée dans la sphère publique, il en subsiste quelques résidus dans la solidarité de l'État-providence. En effet, l'État-providence organise une solidarité active entre membres d'une communauté. Par le biais de l'impôt ou des cotisations, tous contribuent (à hauteur de leurs moyens) à verser des prestations sociales à des personnes qui ne sont ni les proches ni les familiers mais qui en ont besoin. Il n'y a pas de relation directe et personnelle entre les contributeurs et les bénéficiaires de l'État-providence. C'est ce qui l'apparente à la fraternité car une bienveillance active se manifeste encore dans la sphère publique.

---

1. *Ibidem*, p. 13.

Mais il y a une différence de degré importante entre fraternité et solidarité :

> *« La fraternité est une essence plus rare, qui se consomme sur ordonnance, diluée et en prises espacées — avec la solidarité de l'Etat-providence, ou bien vaporisées en convivialité pour de brèves euphories[1]. »*

Entre la solidarité et des contribuables et la fraternité, il y a une différence de dosage. La solidarité s'exerce par quantités infinitésimales : ce que le contribuable ou le cotisant consent à faire pour les autres, c'est donner une fraction de son revenu. Ce que les frères sont prêts à donner pour leurs frères est bien plus considérable : leurs biens, leurs personnes et, le cas échéant, leurs vies. De plus, la solidarité est très largement imposée par la loi. Elle n'est pas spontanée comme la fraternité.

L'amitié, une forme étriquée de fraternité

L'amitié fait-elle exception ? Suit-elle le déclin individualiste de la fraternité ? Ou bien est-elle, elle aussi, un concurrent de la fraternité qui accélère son retrait ? Pour Debray, si l'amitié et la fraternité sont apparentées, elles suivent néanmoins des voies divergentes.

L'amitié des Anciens, un club aristocratique

Pour Debray, l'amitié est un idéal historiquement daté. C'est une valeur de l'Antiquité grecque et latine dont le contenu est tributaire d'un contexte social, économique et politique.

---

1. *Ibidem*, p. 13.

La fraternité est absente de la Grèce ancienne et de la Rome antique :

> *« Les Anciens n'avaient droit qu'à la philanthropie et à l'amitié[1]. »*

Le contexte de l'Antiquité fait que les hommes éprouvent une bienveillance totalement universelle – la philanthropie – ou profondément particulière – l'amitié. Or aucune de ces deux attitudes n'a la nature de la fraternité :

> *« La première, teintée de condescendance, désigne l'amour de l'humanité en général, et la seconde, une dilection particulière entre gens de qualité[2]. »*

La différence entre fraternité et philanthropie est à la fois quantitative et qualitative. La philanthropie est un « amour de l'humanité » universel. Elle repose sur une décision de principe mais non pas sur un choix personnel. Par conviction, j'ai de la bienveillance pour tous mes congénères. Mais cela n'est pas affaire de goût. Et cela n'exclut pas le sentiment de ma propre supériorité. Debray distingue également la fraternité de l'amitié. L'amitié résulte d'un choix dicté par une préférence très personnelle et fort intime. Le sentiment individuel s'ajoute à la conscience de sa propre supériorité sociale. L'amitié est un mouvement aristocratique qui élit certaines personnalités comme les meilleures et rejette à l'arrière-plan celles qui sont considérées comme inférieures. C'est le sentiment d'appartenir à un club fermé. L'amitié se dessine sur un fond d'inégalité.
Ultime différence entre la fraternité républicaine et l'amitié antique, la fraternité n'exclut pas une tension entre frères :

> *« La fraternité se tient entre les deux : elle est plus sélective que la philanthropie et plus belliqueuse que l'amitié[3]. »*

---

1. *Ibidem*, p. 228.
2. *Ibidem*, p. 228.
3. *Ibidem*, p. 228.

L'amitié est une bienveillance d'où l'agressivité est volontairement bannie. Quand je suis ami avec une personne, je m'efforce de gommer mes points de désaccord avec elle. J'évite de me trouver en rivalité avec elle. Au contraire, considérer l'autre comme un frère n'exclut pas une certaine tension. Les frères ont des divergences et tentent d'apprendre à les maîtriser. Ils ne cherchent pas à les faire disparaître. C'est pourquoi Debray voit dans la fraternité une concorde plus belliqueuse que l'amitié : elle contient des tensions.

Les limites de l'amitié antique

L'amitié des Anciens est profondément liée à une solidarité de classe :

> *« Quant à l'amitié (la philia grecque, l'amicitia romaine), c'était l'entre-soi des patriciens, auxquels le travail des esclaves donnait le loisir d'être libre[1]. »*

Si Debray ne conteste pas la valeur morale de l'amitié, il souligne ses limites. C'est d'abord un phénomène exclusif qui marque la fermeture des castes supérieures sur elles-mêmes. C'est aussi une affection rendue possible par la servitude du grand nombre. Si l'amitié est libératrice pour certains, elle repose sur l'asservissement de ceux qui, par leur travail, dégagent du temps libre pour les patriciens. En somme, la valeur éthique de l'amitié est plus réduite que celle de la fraternité car elle n'est pas la source d'une morale collective partagée :

> *« Idéal de sagesse, marque de distinction, signe de reconnaissance, mais non principe de conduite[2]. »*

L'amitié des Anciens manque d'ampleur dans son champ et de dynamisme dans sa portée. Elle est avant tout un orgueil de caste. L'amitié n'est pas suffisamment large et riche pour être une source de règles de vie. Elle ne peut pas servir de boussole dans

---

1. *Ibidem*, p. 229.
2. *Ibidem*, p. 229.

l'existence. Debray est aux antipodes des penseurs qui font de l'amitié un idéal de vie bonne.

L'amitié, lot de consolation

Les carences de l'amitié antique se manifestent clairement sur le plan politique. L'amitié est célébrée comme idéal aux époques de l'Antiquité où les grands projets collectifs s'affaiblissent :

> *« Son prestige a grandi au fur et à mesure que s'est dégradé le lien civique et décomposé l'État[1]. »*

L'amitié apparaît comme un substitut réduit (et presque mesquin) du projet politique d'Athènes ou de Rome. Comme la politique n'est plus le fait que d'un seul homme, le roi ou l'empereur, les hommes libres se concentrent sur leurs vies privées.

Action publique et sphère privée

Dans l'histoire de la république romaine, il est des périodes où tous les citoyens s'engagent dans la poursuite d'un bien commun, la grandeur de Rome. Sous la République, les citoyens romains communient dans un projet d'expansion de Rome. Dans cette histoire, on trouve également des périodes où l'action politique devient impossible en raison d'un changement de régime. Dès qu'un pouvoir impérial se met en place, l'idéal de citoyenneté s'amoindrit. La politique devient l'affaire d'un seul ou d'un groupe restreint. Les citoyens romains se concentrent alors sur leurs familles, leurs affaires et leurs amis.

Pour Debray, l'amitié est comme un *ersatz* de l'engagement pour le bien public aux côtés des concitoyens. En cultivant l'amitié, les philosophes de l'Antiquité essaient d'oublier qu'ils ne peuvent plus jouer de rôle politique. La principale limite de l'amitié antique, c'est le déclin de l'engagement politique. L'amitié contribue

---

1. *Ibidem*, p. 229.

seulement à la consolation des hommes qui sont privés de leur dimension politique. L'animal amical est une forme amoindrie de l'animal politique.

L'amitié minimaliste des Modernes

L'amitié des Anciens n'est pas toute l'amitié. La version contemporaine de l'amitié ne repose plus sur le travail des esclaves et ne regroupe plus seulement les membres de castes privilégiées. Même cette amitié est, pour Debray, une version minimaliste de la fraternité :

> *« La fraternité est une essence plus rare, qui se consomme [...] au compte-gouttes, en tête-à-tête, sous l'étiquette amitié[1]. »*

Si on suit cette métaphore filée, il n'y a pas entre l'amitié et la fraternité une différence de nature : elles ont la même essence, c'est-à-dire le même parfum ou la même substance. Toutefois, elles ont un dosage et un mode d'application bien différents. L'amitié est un tête-à-tête alors que la fraternité unit tout un groupe de personnes. L'amitié est à usage local alors que la fraternité a une vocation générale. Et l'amitié est utilisée de façon parcimonieuse alors que la fraternité est omniprésente. Le succès de l'amitié est le symptôme d'une certaine incapacité contemporaine à la fraternité.

Chez Debray, les rapports entre amitié et fraternité sont ambivalents. Amitié et fraternité ont, au fond, la même composition chimique, c'est-à-dire la même nature. Mais la posologie de l'amitié en fait un phénomène étriqué alors que l'élan de la fraternité embrasse très largement.

Cousines mais pas jumelles

La comparaison entre amitié et fraternité conduit à établir une certaine parenté entre elles :

> *« Amitié bilatérale et fraternité multilatérale sont cousines, non jumelles[2]. »*

---

1. *Ibidem*, p. 230.
2. *Ibidem*, p. 230.

Cette parenté hisse l'amitié un peu plus près de la fraternité que la solidarité ou le culte des droits de l'homme. Amitié et fraternité procèdent de la même source et ont des expressions comparables : la bienveillance active, la solide loyauté, le dévouement inconditionnel. Mais plusieurs traits les séparent. La première différence tient à leurs effets respectifs :

> *« L'amitié berce, la fraternité secoue[1]. »*

L'amitié a pour fonction de rassurer et de réconforter. L'amitié est un remède contre les duretés de l'existence. Au contraire, la fraternité vise l'éveil des frères. Par la fraternité, les hommes cherchent à sortir de leur condition ordinaire. Ils mesurent qu'il y a des choses plus importantes que leurs préférences personnelles. À la limite, l'amitié endort alors que la fraternité éveille.
Amitié et fraternité ne réservent pas la même place à l'affection interpersonnelle. La fraternité :

> *« [...] c'est une farouche qui mobilise, mais qui ne réclame ni intimité ni affinités particulières[2]. »*

C'est le goût personnel qui rapproche dans l'amitié. La fraternité, elle, ne s'arrête pas aux préférences individuelles. Elle limite la dimension sentimentale de l'attachement :

> *« Amitié vient d'aimer. C'est trop pour elle, et trop peu. Trop pour une passion calme, sans la fièvre ni la demande d'exclusivité propre à l'amour. Mais trop peu pour du combatif et du revendicatif[3]. »*

L'affection personnelle à l'œuvre dans l'amitié n'est pas nécessaire à la fraternité. Elle est « trop », c'est-à-dire inutile. En effet, pour appeler « frère » un compagnon de lutte, je n'ai pas besoin de l'apprécier personnellement. Mais cette affection est aussi « trop

---

1. *Ibidem*, p. 230.
2. *Ibidem*, p. 230.
3. *Ibidem*, p. 230.

peu » : ce n'est pas en raison d'une accointance individuelle que je suis solidaire de mes frères d'armes. Ce qui unifie et soude, dans la fraternité, ce n'est pas un goût individuel mais une cause commune.

La fraternité, une amitié par gros temps

La proximité et la distance entre amitié et fraternité se manifestent clairement selon les circonstances. L'amitié est l'affection des périodes faciles, plaisantes et heureuses. La fraternité, elle, s'épanouit dans les difficultés extrêmes :

> *« C'est de l'amitié si l'on veut, mais de mauvais temps — de guerre, d'exil, de prison ou d'opposition. Cette demande de camaraderie à plein-temps, comme mode de vie, se fortifie dans les épreuves et s'effrite dans le prospère[1]. »*

Inversement, la fraternité ne résiste pas aux périodes fastes :

> *« Cette amitié politisée, la vie politique lui est fatale[2]. »*

Par exemple, d'anciens camarades de prison ou de lutte sont solidaires dans l'opposition. Mais ils se déchirent entre eux au moment de l'accession au pouvoir. La fraternité meurt de l'exercice commun du pouvoir. Debray en sait quelque chose qui a connu de près les gouvernements de Castro, Allende et Mitterrand.

La fraternité ne résiste pas au succès politique

Ancien conseiller de François Mitterrand, Debray narre sa prise de fonction en 1981. Après des décennies dans l'opposition, le parti socialiste accède à la présidence de la République Le nouveau président réunit son équipe à l'Élysée et déclare : « Vous n'êtes pas en pays ami ici. » Les luttes entre anciens amis de lutte sont fratricides. La fraternité s'évanouit quand les buts ne

---

1. *Ibidem*, p. 230.
2. *Ibidem*, p. 230.

sont plus communs mais que chacun poursuit ses objectifs personnels.

Pour Debray, l'amitié est profondément insatisfaisante. Elle manque d'ampleur car elle est limitée à quelques personnes. Elle manque aussi de hauteur de vue : elle est à elle-même sa propre fin et n'a pas d'idéal qui la surplombe et la guide. Enfin, elle est renfermée sur elle-même car elle n'a pas besoin d'ennemis. Au contraire, les frères font cause commune et sont soudés pour affronter des circonstances difficiles et des adversaires.
L'amitié n'est qu'une forme étriquée de fraternité.

Petite histoire d'un grand écart

Debray souligne la différence entre la fraternité et l'amitié en retraçant les conditions d'apparition de l'idéal de fraternité et l'écart croissant avec ses concurrents.

De l'amitié à la charité

La première étape d'émergence de la fraternité est constituée par le christianisme : celui-ci demande aux hommes de s'arracher aux affections personnelles et aux liens familiaux. Le christianisme rompt avec la valorisation absolue de l'amitié et lui substitue la charité :

> *« En remplaçant l'amitié par la charité, qui ne prend pas en compte les qualités ni ne fait acception des personnes, le christianisme a remplacé l'ami par autrui[1]. »*

Dans la charité chrétienne, on est bienveillant envers des personnes qui ne nous sont rien personnellement. La charité ne repose pas sur un goût mais sur une identité : tous les hommes ont

---

1. *Ibidem*, p. 229.

été créés par Dieu. Le christianisme recompose une famille des « frères en Christ » :

> « … *parce que ne peuvent être frères que des égaux, et que les chrétiens sont tous égaux en Christ*[1]. »

Détachement à l'égard des préférences personnelles et égalité des hommes en Dieu, voilà ce qui constitue cette première étape où l'amitié cède le pas à la charité dans le mouvement vers la fraternité. Les communautés philosophiques amicales de l'Antiquité cèdent le pas aux communautés religieuses du christianisme.

La création des communautés monastiques

Pour Debray, la naissance des communautés monastiques souligne le passage des groupes d'amis philosophes aux communautés des frères de charité chrétienne. Depuis le IIIe siècle de notre ère, les moines se regroupent dans des communautés dont les bases ne sont ni familiales, ni affectives, ni politiques, ni même intellectuelles. Leur but n'est ni la perpétuation d'une lignée, ni le plaisir de la vie commune, ni la prise du pouvoir. Le trait d'union entre les moines est la dévotion à Dieu. Ils se nomment entre eux « mon frère » pour rappeler la charité qui unit le groupe. Mais ils ne se considèrent pas tous comme des amis les uns des autres.

De la charité à l'égalité politique

Avec les Lumières et la Révolution française, l'égalité des hommes n'est plus seulement un article de foi. Elle devient un principe juridique.

Une chose est d'essayer d'agir en frère par charité. Une tout autre chose est de se comporter en concitoyen en vertu de la loi.

---

1. *Ibidem*, p. 230.

> *« Elle est entrée dans la carrière après un stage cosmopolite dans la franc-maçonnerie, lorsque a triomphé l'idée de nation comme un corps de citoyens égaux devant la loi*[1]*. »*

La reconnaissance juridique de l'égalité remplit une nouvelle condition de la fraternité. Les hommes se considèrent mutuellement comme « libres et égaux en droit » selon l'article premier de la Déclaration des droits de l'homme et du citoyen de 1789. Le respect mutuel n'est plus affaire d'amitié ou de charité. C'est le socle de l'ordre politique légitime.

Le rôle des frères maçons

Debray attribue un rôle historique important à la franc-maçonnerie dans l'émergence de la fraternité à l'époque des Lumières[2]. Celle-ci prend son essor au XVIIIe siècle en Europe. Elle réunit, au sein de groupes de réflexion, des hommes d'origines sociales différentes. Les francs-maçons s'appellent mutuellement « frères », se tutoient et travaillent ensemble. Les barrières entre les descendants de la noblesse et les fils de la bourgeoisie s'estompent. Pour Debray, les organisations maçonniques manifestent la poursuite en commun d'idéaux sur une base égalitaire.

La fraternité, un idéal synthétique

La construction de la République achève l'émergence de la fraternité. Ni la charité ni l'égalité ne peuvent suffire. La République opère une synthèse entre héritage chrétien et héritage des Lumières : elle combine la bienveillance inconditionnelle de la charité avec le respect de l'égalité et la liberté révolutionnaire :

> *« Sans la remontée d'un romantisme chrétien [...] la fraternité ne serait jamais devenue un classique*

---

1. *Ibidem*, p. 233.
2. *Le Feu sacré*, Gallimard, coll. « Folio Essais », Paris, 2003, p. 100.

républicain. Il n'est pas interdit aux libres-penseurs de s'en souvenir[1]. »

La République émancipe les hommes en proclamant leur liberté et les rapproche en instaurant l'égalité. Portées aux dimensions d'un système politique et d'une société républicaine, la liberté et l'égalité font apparaître un nouveau type d'unité. Les citoyens de la République sont unis par le combat commun pour les valeurs de la République :

« L'histoire a bien fait les choses. Fraternité ne pouvait venir qu'en dernier, après égalité[2]. »

Entre l'amitié, affection privée, et la fraternité, principe public, la distance se creuse. La synthèse entre charité et libération relègue l'amitié au second plan.

La bataille de Valmy et la fraternité des citoyens en armes

Dans la naissance de la nation comme communauté fraternelle, les guerres jouent un rôle important pour Debray. La bataille de Valmy, le 20 septembre 1792, incarne cet idéal. Les citoyens en armes luttent contre les ennemis de la République et de la nation. L'égalité devant la mort, le sacrifice pour la liberté et la solidarité face à l'ennemi font naître la fraternité des armes. Elle est résumée dans l'exclamation poussée par les soldats français durant le combat : « Vive la nation ! » Les Français se sentent alors fortement concitoyens mais pas nécessairement amis.

---

1. *Le Moment fraternité*, édition citée, p. 234.
2. *Ibidem*, p. 233.

La fraternité est encore possible !

Debray ne se limite pas à chanter un idéal perdu. Le déclin de la fraternité n'est pas irrémédiable.

Un désir de fraternité toujours vivace

Même aujourd'hui, le désir de fraternité est brûlant. La considération pour les collègues, le respect pour les maîtres et l'affection pour les amis ne suffisent pas :

> *« Notre chère petite personne aspire à plus et à mieux : pouvoir appeler frère ou sœur un étranger qui ne porte pas notre nom*[1]. *»*

La fraternité est désirée par-delà les sociabilités ordinaires. Quel est l'objet de ce désir de fraternité ? C'est d'établir un lien quasi familial avec des étrangers. L'aspiration vise l'établissement de liens avec des étrangers au nom d'un principe supérieur aux individus. Le bonheur de construire une communauté nouvelle est confusément recherché :

> *« De cette grâce précaire qu'est une famille élective, de ce bonheur insolite et dangereux, certes, mais que rien ne remplace, le rêve ou la mélancolie ne veulent pas mourir étrangement*[2]. *»*

Reconstruire la fraternité

Pour favoriser le retour de la fraternité, il faut choisir en commun du sacré :

> *« Un nous se noue par un acte, délibéré ou non, de sacralisation*[3]. *»*

---

1. *Ibidem*, p. 14.
2. *Ibidem*, p. 14.
3. *Ibidem*, p. 21.

Ce qui fonde une communauté fraternelle, c'est de partager un ensemble de valeurs, d'objets et de comportements considérés comme indiscutablement supérieurs et vénérables. Quand un ensemble disparate d'hommes trace une frontière entre un espace sacré et un espace profane, il se trouve un élément fédérateur :

> « *Première observation : là où il y a du sacré, il y a une enceinte. Et là où la clôture s'efface – ligne, seuil ou dénivelé –, le sacré disparaît*[1]. »

Le sacré qui unit fraternellement n'est pas nécessairement religieux. Le sacré, c'est la séparation qu'on respecte. C'est une certaine façon de découper l'espace (entre sacré et profane), le temps (entre jours de fête et jours ordinaires) ou les objets (entre interdits et licites) qui unifie un groupe et fait naître la fraternité du partage de cette découpe du monde. Pour retrouver la fraternité, il faut se doter d'objets sacrés.

Les limites du retour de la fraternité

Debray lance un appel en faveur d'un retour à la fraternité :

> « *Sortir de la naphtaline notre grande vieille dame humiliée mais pas encore alitée*[2]. »

Toutefois, Debray n'est pas un apôtre inconditionnel de la fraternité. Il nous avertit des difficultés. La fraternité se crée entre des personnes au prix d'une exclusion d'autres personnes. Il n'y a pas de fraternité sans frontières. C'est le sens de son *Éloge des frontières*. La fraternité n'est pas une communauté perpétuellement ouverte. La contrepartie de la fraternité est qu'elle est aussi fondée sur une délimitation entre ceux qui sont mes frères et ceux qui ne le sont pas.

---

1. *Ibidem*, p. 34.
2. *Ibidem*, p. 334.

Debray est bien conscient des dangers que peut porter une fraternité fanatisée :

> *« Dès qu'on se donne du frère quelque part, un faux-frère, soyez-en sûr, court se cacher dans les coins[1]. »*

L'ambition de réunir engendre généralement un soupçon de trahison et un délire paranoïaque. L'idéal de fraternité comporte des risques bien réels de terreur. Par comparaison, les dangers de l'amitié semblent plus limités.

Pour finir...

Debray élabore sa conception de l'amitié à l'ombre de son idéal de fraternité. Pour lui, l'amitié n'est pas le modèle suprême des rapports humains. Il existe des modes de relations plus hauts, plus larges et plus riches : la charité chrétienne, la citoyenneté révolutionnaire et surtout la fraternité républicaine.
Somme toute l'amitié est un idéal étriqué : c'est un attachement individuel fondé sur des préférences. L'amitié est le lot de consolation de ceux qui sont privés d'existence publique. La fraternité est, elle, l'union des « frères » dans la poursuite d'un idéal commun. Pour Debray, l'idéalisation de l'amitié reflète l'individualisme d'époques réticentes aux exaltations collectives. L'amitié ou la fraternité ? Debray choisit résolument la seconde.

---

1. *Ibidem*, p. 240.

Conseils de lecture

Platon

Platon consacre de nombreux textes à l'amitié, à l'amour et aux affections humaines. Il centre deux de ses dialogues sur ces thèmes : le célèbre *Banquet* (traduction Luc Brisson, Flammarion, coll. « GF » , Paris, 2007) et *Lysis* (traduction Alfred Croiset, Les belles lettres, coll. « Les classiques en poche », Paris, 2002).

Aristote

Aristote donne à sa philosophie de l'amitié la forme d'un véritable petit « traité de l'amitié » constitué par les livres VIII et IX de l'*Éthique à Nicomaque*. On peut le lire dans plusieurs éditions de poche : *Éthique à Nicomaque*, traduction Jean Tricot, Vrin, Paris, 1990 ; *Éthique à Nicomaque*, traduction Richard Bodéüs, Flammarion, coll. « GF », Paris, 2004 ; *De l'amitié (Éthique à Nicomaque VIII et IX)*, traduction Cyrille Bégorre-Bret, Ellipses, Paris, 2001.

Épicure

Des nombreux traités d'Épicure il nous reste peu de chose. Seules trois lettres, quarante maximes et quatre-vingt-une sentences nous sont parvenues dans leur version intégrale. Les lettres d'Épicure traitent peu de l'amitié. Mais ses maximes et ses sentences lui sont, elles, en grande partie consacrées. Une édition récente et accessible de ces textes est : *Lettres, maximes, sentences*, traduction Jean-François Balaudé, Le livre de poche, Paris, 1994.

Michel de Montaigne

Montaigne est l'auteur d'un des textes les plus célèbres sur l'amitié : le chapitre 28 du livre I des *Essais* intitulé tout simplement « De l'amitié ». Il est accessible dans plusieurs éditions : *Essais*, édition

Maurice Rat, Gallimard, coll. « Bibliothèque de la Pléiade », Paris, 1962 ; *Les Essais*, édition établie par Pierre Villey, PUF, coll. « Quadrige », Paris, 1924, multiples rééditions.

Blaise Pascal

Les principaux textes de Pascal sur l'amitié, l'amour et la charité sont rassemblés dans les *Pensées* et *Trois Discours sur la condition des Grands* dans l'édition classique : *Œuvres*, Gallimard, coll. « Bibliothèque de la Pléiade », Paris, 1939, multiples rééditions. Une édition de poche récente et accessible comporte certains de ces textes : *Pensées sur la justice. Trois Discours sur la condition des Grands*, présentation Marc Escola, Flammarion, coll. « GF », Paris, 2011.

Emmanuel Kant

Kant traite de l'amitié dans la *Métaphysique des mœurs*, partie II « Doctrine de la vertu », §§ 46 et 47, traduction Alain Renaut, Flammarion, coll. « GF », Paris, 1994, pp. 342-347. Il compare les différents types d'amitié dans *Leçons sur l'éthique*, traduction L. Langlois, Le livre de poche, Paris, 1997, pp. 345-346. Pour une introduction générale à l'éthique de Kant, on se reportera à un court essai : *Fondements de la métaphysique des mœurs*, Le livre de poche, Paris, 1993.

Friedrich Nietzsche

Nietzsche consacre de nombreux textes à l'ami et à l'ennemi : *Ainsi parlait Zarathoustra*, traduction G. Bianquis, Flammarion, coll. « GF », Paris, 1996 ; *Par-delà bien et mal*, traduction Patrick Wotling, Flammarion, coll. « GF », Paris, 1999 ; *Généalogie de la morale*, traduction Patrick Wotling, Le livre de poche, Paris, 2000 ; *Le Cas Wagner. Crépuscule des idoles*, traduction Patrick Wotling, Flammarion, coll. « GF », Paris, 2005.

Simone de Beauvoir

Les principaux textes théoriques de Beauvoir sur l'amitié sont contenus dans *Le Deuxième Sexe*, Gallimard, coll. « Folio Essais », Paris, 1949. La conception existentialiste de l'amitié s'exprime également dans le premier volume de l'autobiographie de Beauvoir *Mémoires d'une jeune fille rangée* (Gallimard, coll. « Folio », Paris, 1958).

Michel Foucault

Foucault consacre à l'amitié deux types de textes assez différents. D'une part, il fait une analyse historique et philosophique des textes de l'Antiquité sur l'amitié dans *Histoire de la sexualité. Tome 3 : Le souci de soi*, Gallimard, coll. « Tel », Paris, 1984. D'autre part, il publie dans la presse des articles d'actualité sur les relations entre l'amitié et l'homosexualité. Ces textes sont aujourd'hui accessibles dans un recueil posthume : *Dits et écrits*, tomes I et II, Gallimard, coll. « Quarto », Paris, 2001. En particulier, on lira, dans le tome II de *Dits et écrits* : « De l'amitié comme mode de vie », p. 982, « Entretien avec M. Foucault », p. 1112 et « Des caresses d'hommes considérées comme un art », p. 1135.

Régis Debray

Les principaux textes théoriques de Debray sur l'amitié et la fraternité se trouvent dans les ouvrages publiés chez Gallimard : *Le Feu sacré. Fonctions du religieux*, Paris, 2003 et *Le Moment fraternité*, Paris, 2009. Son court essai *Éloge des frontières*, Gallimard, coll. « Blanche », Paris, 2010, expose ses principales idées dans une perspective plus explicitement politique.

Catherine Merrien
Préface d'André Comte-Sponville
L'AMOUR
De Platon à Comte-Sponville
Petite philosophie des grandes idées
« Tout amour véritable est compassion : et tout amour qui n'est pas compassion est égoïsme. » Schopenhauer
EYROLLES

Cyril Morana - Eric Oudin
Préface d'André Comte-Sponville
L'ART
De Platon à Deleuze
Petite philosophie des grandes idées
« L'art et rien que l'art ! C'est lui seul qui rend possible la vie, c'est la grande tentation qui entraîne à vivre, le grand stimulant qui pousse à vivre. » Nietzsche
EYROLLES

Carine Morand
Préface de Régis Debray
LA RELIGION
De Platon à Régis Debray
« L'obéissance envers Dieu ne consiste que dans l'amour du prochain » B. Spinoza
Petite philosophie des grandes idées
EYROLLES

Philippe Danino et Éric Oudin
Préface d'André Comte-Sponville
LE BONHEUR
D'Aristote à André Comte-Sponville
Alain
Petite philosophie des grandes idées
EYROLLES

Cyril Morana et Éric Oudin
Préface d'André Comte-Sponville
LA LIBERTÉ
D'Épicure à Sartre
Petite philosophie des grandes idées
« ... » — Épictète
EYROLLES

Cyrille Bégorre-Bret
Préface d'André Comte-Sponville
LE DÉSIR
De Platon à Sartre
Petite philosophie des grandes idées
« Malheur à qui n'a plus rien à désirer ! Il perd pour ainsi
dire tout ce qu'il possède. » Rousseau
EYROLLES

Jeanne-Marie Roux
Préface d'André Comte-Sponville
LE CORPS
De Platon à Jean-Luc Nancy
« Un corps est une image offerte à d'autres corps, tout un
corpus d'images tendues de corps en corps »
Jean-Luc Nancy
Petite philosophie des grandes idées
EYROLLES

Cyrille Bégorre-Bret et Cyril Morana
Préface d'André Comte-Sponville
LA JUSTICE
De Platon à Rawls
Spinoza
Petite philosophie des grandes idées
EYROLLES

Dépôt légal : septembre 2012

Imprimé en Allemagne par BoD